小学语文教学与和谐课堂

王彩萍　著

全国百佳图书出版单位
吉林出版集团股份有限公司

图书在版编目（CIP）数据

小学语文教学与和谐课堂 / 王彩萍著. — 长春：
吉林出版集团股份有限公司，2021.8
ISBN 978-7-5731-0955-2

Ⅰ . ①小… Ⅱ . ①王… Ⅲ . ①小学语文课－课堂教学
－教学法 Ⅳ . ① G623.203

中国版本图书馆 CIP 数据核字（2022）第 006698 号

小学语文教学与和谐课堂
XIAOXUE YUWEN JIAOXUE YU HEXIE KETANG

著　　者 / 王彩萍

责任编辑 / 张　杰
责任校对 / 范德利
封面设计 / 邱宠维
开　　本 / 710mm×1000mm　1/16
字　　数 / 151 千字
印　　张 / 10
版　　次 / 2022 年 6 月第 1 版
印　　次 / 2022 年 6 月第 1 次印刷

出　　版 / 吉林出版集团股份有限公司
发　　行 / 吉林音像出版社有限责任公司
地　　址 / 吉林省长春市净月区福祉大路 5788 号出版大厦 A 座 13 层
电　　话 / 0431-81629660
印　　刷 / 三河市嵩川印刷有限公司

ISBN 978-7-5731-0955-2　　　　定价 / 65.00 元

前　言

　　小学语文课程是一门重要的基础学科。近几年来，很多专家、学者和教育管理者都把语文教学实践与艺术作为专门的课题进行研究。小学语文课堂教学是实践，同时也是艺术。在新形势下，我们一方面要躬身实践语文课堂教学，丰富课堂教学经验，增长驾驭语文课堂的能力；另一方面要及时总结实践经验，潜心琢磨课堂教学艺术，并把课堂教学实践与教学艺术并重，使二者充分结合。这是语文教育教学的历史责任，更是社会和现实培养人才的需要。

　　小学语文教学是一种实践的技能，仅有知识是远远不够的，仅靠记住一些教育学、心理学的概念、原理，是成不了能力出众的好老师的。教师教学能力必须在教学的实践中通过不断地摸索、锤炼逐步形成。

　　课堂教学是学校教育教学的主要形式，是实施和谐教育的主阵地。构建和谐的课堂教学是和谐教育能否成功的关键所在，是实施素质教育的必然趋势，也是构建"和谐社会"非常重要的一部分。而小学课堂教学最大的和谐就是教师的"教"与学生的"学"之间的和谐，教与学的和谐是课堂教学追求的目标。此外，我国新一轮基础教育课程改革正在全国如火如荼地进行，新课程改革的基本出发点是促进学生全面、持续、和谐地发展。因此，我们要构建和谐的课堂教学，使"教"与"学"达到完美和谐，从而减轻学生负担，使学生得到全面、和谐、充分地发展，使课堂教学达到最佳的效果。

目 录

第一章　小学语文教学艺术

第一节　让艺术走进小学语文课堂

一、把音乐、美术和表演带入课堂

在语文教学过程中，笔者有过困惑，有过思考，也取得了一定的成绩。笔者认为，传统的语文课堂教学比较枯燥、乏味。如果将音乐、表演、美术等与语文课程的课堂教学相结合，能够有效提升课堂的教学效果。小学生普遍是活泼好动的，他们对于音乐与表演往往有着浓厚的兴趣。音乐有助于培养学生的思维能力，激发他们的联想与想象力，还能带给他们无限美感。在语文教学中适当添加一些音乐方面的元素，如配乐诗歌朗诵，或者让学生合唱一些与课文内容相关的经典歌曲，这样不仅能使课堂气氛活跃起来，还能使学生的积极性高涨，从而积极参与学习活动。文字符号具有抽象性，而美术这种艺术形式具有直观性，美术可以有效启发学生形象思维的能力与抽象概括的能力。语文教师可以在课堂教学中根据课程内容设置相应的绘画环节，这样不仅能有效调动学生在学习中的热情，使他们积极思考问题，而且还能让他们更加深入地理解所学的知识。教学是教师与学生进行双向的交流活动，学生在教学过程中应处于主体地位，教学是否取得了良好的效果，要看学生对于知识的掌握情况。小学阶段的儿童有表演欲，教师如果能在教学中能抓住学生的这一特点进行教学，会收到事半功倍的效果。

课程改革为小学阶段的语文教学注入了活力。但由于对新的课程教学模式处于摸索阶段，具体应该采用何种方式才能使语文教学真正实现质的提升，依然是一个没有准确答案的问题，这使很多教师在教学中感到无所适从。许多观点具有创新性，但在教学实践中实施起来有一定的困难。笔者通过课程观摩发现，当前的语文教学存在一些极端情况：过于追求"师生对话"，课堂上的大部分时间都用于阅读与感悟。这样很难真正实现教学改革的目标。教师在教学改革中要根据语文的学科规律来组织教学，同时还要结合学生的学习规律，以课程目标为基础来设计和选择教学模式。

因此，课程改革中的语文教学首先要培养学生养成良好的学习习惯，这非常重要。在语文教学当中要重视引导学生逐步形成良好的学习习惯，从多方面积极引导，通过严格要求与反复训练，促进学生良好习惯的养成。尤其要说明的是，正面的引导对于好习惯的养成固然非常重要，但是教育心理学表明，习惯养成有时必须具有强制性，必要时还需加入教师个人的意志进行控制。由于小学生还意识不到好习惯的重要性，对于如何养成习惯也不清楚，但这些好习惯是可以让他们终身受益的。课程改革提出，小学生必须养成的习惯包括八种：①积极、主动学习的习惯；②投入、认真的习惯；③经常动手、动脑、动笔的习惯；④讲普通话的习惯；⑤爱惜文具、书本的习惯；⑥善于发现问题的习惯；⑦积极进行合作学习与探究的习惯；⑧写字工整、规范的习惯。教师在引导学生养成以上习惯的过程中要有耐心，对每一位学生都要严格地要求。

语文教育教学要求创新，当前，打破传统语文教学模式是课程教学发展的时代要求。加强语文教育与美术、音乐等学科之间的联系，使语文教材通过绘画、表演和歌唱的形式更加生动地呈现出来。这样能有效提升学生语文学科的素养，通过课堂教学让学生的兴趣更加广泛，这对于学生综合素质的提升是非常有益的。

二、让工具性和人文性产生和谐美

"语文是最重要的交际工具，是人类文化的主要组成部分。工具性与人文性的统一，是语文课程的基本特点。"这是当前学界对语文课程的性质形成的新认知。以往的语文课堂上，教师将课文分段讲解，将字、词和文章主旨作为教学重点，只注重语文课程的工具性，忽视了人文性与思想性。语文课堂上没有思想交流、情感共鸣、审美能力的培养，语文学科的人文功能被忽视，导致学生在语文课上没有积极性，参与度不高。课程改革以后，强调情感态度、价值观等的人文因素在教学目标当中的地位，使语文教育的内涵更加丰富、完整，充分展现了语文学科的魅力，使学科的使命与本质被重新还原。应注意的是，在教学中强调语文的人文性，但不能忽视学科的工具性，应使语文具有的工具性、人文性实现统一。

叶圣陶说："语文教学的根在听、说、读、写，是听、说、读、写之内的挖掘与创新，而不是游离于听、说、读、写之外的花样翻新。"当前的语文课教学需要反思。有很大一部分教师认为，语文课程在改革之后会削弱基础内容，导致知识淡化。课堂上强调挖掘和呈现人文精神，但对与字、词、句的基础知识，教学中不再详细讲解，有的教师甚至认为再搞字、词、句教学会显得教学方法过时，因此在平时的教学中不再重视这部分内容。由于这部分基础知识的讲解在公开课上不容易体现教师的个人风格，教师大都安排学生通过自学完成相关任务。课堂教学看起来气氛热烈、教学形式多样化，但没有学生的读书声，缺少了品味、赏析语言、文字的环节，对于优美、精彩的段落的分析不够深入，必要的训练与积累欠缺，导致即使学生读非常简短的课文时也磕磕巴巴，达不到基本的要求。读和写是学习语文的基础，如果学生的基本能力不牢固，将来的语文学习必定困难重重。课程改革强调培养学生具备一定的人文素养，但绝不是以牺牲语文学科基本能力的训练作为代价的。教师在教学中突出人文性时，需要在落实好基础知识教学的基础上进行。在教学中，只有将语文的工具性、人文性统一起来，通过扎实有效的读写训练为学生人文素养的提升打基础，这样才能实现理想的语文教学效果。

社会不断发展，对公民的素质也提出了更高要求，公民需具备一定的科学素养与人文素养，要有开阔的视野和创新精神，需具备交流表达与阅读理解等种种基本能力，还要具备获取和处理信息的能力。培养更多社会需要的现代化人才，为社会发展持续贡献力量，语文作为基础学科必须发挥应有的作用。众所周知，语文作为人类社会中非常重要的交流工具，同时也是人类文化的重要构成部分。语文课程最基本的两大特点就是工具性和人文性。

语文课程要将培养学生的语文素养作为重点任务。语文为学生学习其他课程奠定基础，同时也是学生终身学习和全面发展的一项基础。课程标准对于语文基本课程理念是这样解释的："培育学生热爱祖国语言的思想感情，指导学生正确地理解和运用祖国语言，丰富语言的积累，培养语感，发展思维，使他们具有适应实际需要的识字能力、写字能力、阅读能力、写作能力、口语交际能力。语文课程还应重视提高学生的品德修养和审美情趣，使他们逐步形成良好的个性和健全的人格，促进德、智、体、美的和谐发展。"语文课程承担着母语教育的任务，生活中处处是学习资源，也到处是学习的机会。教师要让学生尽可能直接接触语文教学材料，通过知识与实践的结合巩固语文素养，掌握学习规律。语文教师应指导学生赋予文字以生命，也应通过有效的教学手段让学生领悟语文的魅力，带领学生感悟语文的魅力。教师要创造机会，让学生在语文学习中感受美，并学会创造美。让孩子们喜欢自己的母语，是每一位语文教师的责任与使命。

当前比较常用的语文教学模式有两类：注重知识理解的教学模式和注重思维训练的教学模式。在以知识理解为重点的教学模式下，教师的教学目的是让学生对整个语文知识系统有一个较为全面的了解和认知，教学的程序包括问题解答、字与词释义、课文分段、总结文章的中心思想、分析具体写作方法、让学生联系生活等。这一模式突出的是语文的工具性，不注重人文性，课堂上只讲解工具性的基础知识，没有体现课程具有的人文性特征。虽然学生对于基础知识有一定的了解，但很难真正掌握并进行灵活运用。注重思维习得的语文教学模式，重点是发展学生的智力水平，这种教学模式的设计具体包括课文阅读、教师提出主要问题、学生进行讨论、教师归纳和总结等环节。这一类教学模式将语文课程具有的发展性作为重点，不太注重工具性。在重点对学生智力进行培养的同时，忽略了学生性格、情感、品格、意志等的培养。

这两种模式的教学理念与教学设计是不一样的，但二者具有两大共同特征：①前一种模式以教师讲授为主，后一种模式以教师提问贯穿整个课堂；在教学中都是教师作为主体，忽视了学生的主观能动性。②两种模式的重点都是"理解"，前者是理解课本中的知识点，后者是在理解的基础上培养学生的智力。两者都重视理解，轻视感悟；重视分析，轻视运用。《语文课程标准》提出了评价语文教学模式科学性与合理性的具体标准：①师生双方是否都能在教学中发挥自身的主动性及创造性；②教学活动能不能体现学科的实践性及综合性特征；③是否重视态度、情感及价值观等的正确引导，重视语文学科具有的人文性；④能不能正确处理语文基本素养和创新能力，即是语文课程基础性、创造性之间的关系；⑤能否依据语文学习的规律和学生的身心特点来选择教学方法与模式，即按照发展性的原则，在教学中灵活使用不同类型的教学方法，指导学生学习重点字、词，掌握重点段落或字、词知识，组织阅读、练笔、口语表达等各种综合类的学习活动。

阅读教学要让学生通过参与学习活动掌握基础知识，并学会拓展应用，将知识转化成能力，将培养学生的理解能力、感悟能力、文字鉴赏能力、分析评价能力等作为主要任务，促进学生的个人意志、品格、情感等实现良好发展。

三、改变阅读教学方式

传统阅读课教学中，学生往往只能被动地接受知识点，教师对学生进行知识灌输，把学生视为知识容器，认为只要通过反复训练就能掌握一定的技巧与方法，完全不顾学生的差别与个性。这种教学方式很难真正让学生形成语文素养与能力。

语文的阅读教学要学生积极采用自主学习、合作探究等自主性较强的学习方式。教师在合作学习中起组织与指导作用。将学生按照学习水平分成员数量相等的学习小组，一般四个人一个小组为最佳：一名成绩优异的学生、两名成绩中等的学生、一名成绩差一些的学生，座位安排根据分组进行调整。教师首先明确每个小组要讨论的问题，明确学习目标，大家积极在小组内讨论，表达自己的见解，通过讨论与合作最终找出问题的答案。教师要密切关注每个小组的进展，避免学生因为激烈争论发生矛盾或冲突，也是为了及时疏导学生的思维。在小组讨论结束以后，由小组代表发言总结小组合作学习的最终成果，对于学生的出色表现，教师要给予肯定，对于学生未能独立解决的问题，教师要帮助学生指出问题所在，并分析其中的难点。小组进行汇报的时候，同一问题可能会出现不同的答案，学生通过交流和讨论可能会得出多种答案，有利于提升学生解决问题的能力。通过合作学习，学生对课文有更透彻的了解，能够自己发现问题、独立解决问题，还能锻炼团队协作能力，培养合作意识。打破了以往沉闷、枯燥的学习氛围，学生在学习中充满乐趣，愿意积极参与，"在合作中学会学习，在学习中学会合作"。因此，教师在平时的教学中可采用多种科学、有效的方式，让学生自主学习、合作学习、主动探究。

课堂是进行语文教学的主要环境，但教师也要注意运用课外的学习资源，拓展学生的视野，使其亲近大自然、了解社会，使其通过更广阔的"课堂"掌握语文知识，提升自身的能力。教师要从语文学科的教学内容和课程要求出发，利用多媒体设备丰富教学形式、拓展教学内容，让学生学会利用网络搜集资料、查询问题。然后让学生在课堂上展示自己搜集并整理的内容，各个小组共同讨论。

语文是人文学科，其价值在于帮助学生形成正确的思想和观念，通过日积月累提升精神境界与文化品位，培养学生的审美情趣。教师在教学中要注重突出人文性。在古诗词教学中，学生理解了诗句含义之后，再让学生表达学习这首诗的感受，并说说家人平时是如何呵护自己的，将来打算如何报答父母的养育之恩？学生表述完之后，教师要及时肯定并提出表扬，对提出具体的期望，希望学生能够通过自己的行动孝敬父母。教师通过教学让学生明白父母的艰辛，明白孝敬父母乃是中华民族代代传承的美德。学习人文内涵十分丰富的课文时，要让学生通过讨论明白一些基本道理。在教学中不断渗透人文内涵，逐渐培养学生形成正确的人生观与价值观，成为品德高尚的人。

四、在阅读教学中对学生学法进行指导

古人云："授之以鱼，不如授之以渔。"《语文教学大纲》强调："要十分重视培养学生的自学能力。"当前的教学理论提出，教学方法是由教师的教法和学生的学法构成的，二者是一个统一的有机整体。教师的"教"服务于学生的"学"，教学的最终目的是让学生具备学习能力。所谓的学习能力，就是走出校门并将老师所教知识全部遗忘之后所剩余的本领。综上所述，学习能力的获得非常重要，而能力培养的重要途径之一无疑就是学习方法的指导。在具体的教学实践中，我们主要指导学生运用以下几种阅读方法。

在教学中组织互动式的学习，打破以往教学中单向灌输式的教学方式，以学习小组为基本单位来组织教学活动，充分培养学生的创新能力，锻炼其发散思维。将学习主动权还给学生，将学生进行的学习活动作为教学中的主要内容，"教"为"学"服务，引导学生通过组织性的学习与探究提升综合能力，注重创新意识的培养。

1. 师生转换角色

教师创设问题，让学生进行解答。这样有利于学生主动学习，学生在弄清问题答案的过程当中，自信心会逐渐增强。

2. 生生之间进行角色转换

教师如果发现某个学生所用的学习方法非常有效，可以让他作为"小老师"帮助其他同学；有的学生朗读课文读得好，教师可以请让他范读；如果发现某些学生具有表演天赋，可选择合适篇目安排这些学生分角色表演。学生学习过程中不断转换角色，能够有效激发学生的学习兴趣，激发内在的学习动力，使其不断拓展，不断进行自我完善，不断追求创新。

3. 学生与学习内容实现角色转换

语文教材的作品中大都充满了作家的思想、灵感与激情，课文中的人物形象非常丰富，各种人物刻画得非常生动。教师可以让学生通过分角色扮演或分角色朗读的形式来体会课文中人物的思想与情感，让学生与角色产生情感上的共鸣，课本中人物的思想通过学生的扮演得到进一步延伸，同时也激发了学生的创新潜力。

所谓的逆向阅读是指阅读不按常规的顺序进行，而是在看到文章的标题或论点时，先思考以此为标题、为主旨我自己会怎样写。

文言文教学的主要任务是指导学生掌握阅读文言文的方法。因此，关于文言文的教学方法改革主要是为了探究或创造出一种科学而高效的文言文阅读方法。笔者结合教学实践，为大家介绍了一种切实可行的、具有程序化特征的阅读方法——五步阅读法。

1. 文章预读

预读的主要目标包括：准确读字音，停顿节奏准确；了解作品及作家的基本信息；能够掌握文章的整体结构与大意。可以通过下列方法进行预读：①利用工具书识读生字和生词；②听课文的录音材料或教师的范读，根据示范准确朗读；③根据课文的注释部分，结合工具书等了解作品深层次的信息和作者的相关信息；④按照预习要求和教师布置的课前预习任务来了解文章内容。⑤通读全文，解决预习中设置的问题，了解文体的特征。

2. 抄读

抄读的主要目标为：进一步熟悉课文的内容，通过自学发现问题、提出疑问，明确重点、难点部分。抄读的具体做法为：①标注或直接抄写文中的生字、生词；②标注或抄写文中难以理解的复杂句子；③写下阅读课文过程中遇到的难题；④摘抄与课文相关的辅助性的学习材料；⑤结合本单元中的学习提要、预习大纲、文章后面的"思考与练习"部分来确定学习的重点及难点。

3. 解读

解读环节的主要任务包括：通过逐句分析，细致了解课文内容，明确文章中作者表述的观点、表达的态度以及思想方面的倾向。解读方法如下：①结合文章的语境，联系上下文深入地理解复杂的语句。②利用常识对文中特殊语言现象进行具体分析；③翻译（口头翻译或书面翻译均可）课文片段，以深入了解文章，从整体了解文意；④课堂上进行系统讨论，解决重点问题与难点问题，完成课后习题部分的"思考和练习"设置的语言训练作业。

4. 品读

拼读环节主要的目标包括：立足于文章表达的思想、采用的章法结构、具体的表现技法、语言风格、艺术特色等对文章进行鉴赏性阅读。具体的方法为：①分析文体特征，了解此类文章的特征，在此基础上分析该篇文章；②通过比较阅读来分析文章的内容与形式，掌握文章的特征、明确作者在本篇文章中表现出的艺术个性；③让学生通过查阅资料明白具体的语法知识和词汇知识，提升语文基本能力。

5. 诵读

诵读的目标为：进一步加深对课文内容的理解，巩固掌握的字、词读音，达到熟读、背诵的程度；②通过朗读品味文章，对于名篇、优美段落和名言名句要熟练背诵；③进行拓展阅读，从文章出发了解和阅读同类的或相关的文章与资料，拓展知识面，有助于更加深入地理解教材中的文章；④做学习笔记，归纳学习文言文的方法，总结难点和重点；⑤写读后感或评论小文章，以不断提升语文素养和审美能力。

通过对近几年古诗词的阅读鉴赏教学分析可以发现，鉴赏角度主要集中在以下几方面：①语言赏析；②想象诗句描绘的画面；③情感解读；④描写手法与表达技巧赏析。鉴赏诗歌需要按照四个层次进行，以达到全面把握。

1. 语言赏析

阅读和学习古诗词的时候，主要的任务就是赏析关键诗词的重点词句，进行深入解读。比较常见的问题主要有：①诗句中那一个字用得最好？请说明原因；②诗句中的某一个字被公认为古诗词用字的典型，请分析该字好在何处？具体作用是什么？③诗句用词对比，针对用字进行评价。教师可以预设问题，让学生选词或字填空，并让学生说明选择某一词的理由。回答问题的步骤为：①解释某一词在句子当中的含义；②发挥想象力，以关键字为着手点，将词句描绘的景象展开叙述；③该字在烘托意境、表达情感方面的具体作用；④针对自己所选的字，揭示其在诗句当中所起的作用，解释要有一定的说服力。

2. 想象画面

诗歌鉴赏属于再创造的一种形式，主要通过联想、想象来完成。此类题型是非常常见的，通常会设计这样的问题：①该诗所描绘的画面是怎样的？传达了诗人什么样的情感？②这首诗所营造的意境是怎样的？任务设置：以某一句诗或者句中某一个词为切入点，展开合理的想象，用优美的语言来描述画面。学生答题的步骤为：①用语言描绘古诗画面。②概括通过景物营造的整体氛围，如恬静闲适、孤寂冷清、凄凉萧瑟、宏伟雄壮等。③解读诗人传达出的思想情感。回答问题要具体，不能空洞无物。比如不能只回答"表达了诗人感伤的心情"，还要解释诗人因何事而"感伤"。④对于教师预设的任务，学生应找准关键字、词，弄清楚画面展开次序，通过合适的修辞手法，用优美的语言来描述，这样才能准确扩展。

3. 情感解读

一首诗的遣词造句、物象选择、画面营造、情境描绘都带有作者的情感烙印。因此，在解读诗歌的情感时，要结合作者的背景与个人经历。下面列出了古诗文中表达的几种常见的感情：

（1）感情基调：忧愁、迷恋、愁苦、寂寞、惆怅、伤感、烦闷、孤独、闲适、恬淡、欢乐、激愤、仰慕、守节、压抑、沉郁、风趣、平淡欢快。

（2）常见的主题：忧国忧民、怀古伤今、怀才不遇、寄情山水、归隐田园、伤春悲秋、登高览胜、怀旧忆友、羁旅思乡、离愁别恨、相知相思。

（3）不同类型诗歌所传达的感情：①边塞诗或表达诗人渴望建功立业、报效祖国的情感，或抒写边关战士的思乡之情与家中妻子的离愁、闺怨，或表现塞外的艰苦生活以及连年征战使老百姓生活困苦不堪，或表现塞外绝域的旖旎风光。②因事感怀诗，古人常即事为题来写诗，因眼下的事生发出诗情，抒写个人感慨，如送别、思乡等。古人写诗经常以咏物为主：或借诗抒发怀才不遇的愤懑；或抒发报国无门、不为朝廷所重用的惆怅；或表达物是人非的感慨；或表达孤苦无依、命运无常的人生际遇。

（4）常见的问题主要有：①尝试解读诗歌的感情基调；②本诗（或某一字、某一联）传达了作者什么样的情感？问题设置：请学生分析和总结诗中的感情。答题的步骤为：①了解全诗，并逐句进行分析，结合诗词的感情基调进行解读。②从诗中找出感情色彩浓厚的词或句子，分析其表达的情感。③作者抒发情感所用的表现手法或方式。④这种情感在表达主旨方面发挥了什么作用？

4. 描写手法与表达技巧的分析

诗歌的表达技巧包括常见的表现手法、修辞方法、结构特点、艺术手法等，教师在教学中应将诗歌的技巧分析作为重点内容。课堂上，教师一般会问学生这些问题：①这首诗运用了怎样的表现手法？②结合诗的某一句或某个关键词分析一下诗人是怎样抒发自己的情感的？③诗人使用的某一表现手法在表达主旨方面有什么效果？预设提问：尝试分析某一手法在作品中的具体作用；分析本诗是怎样运用某种表现手法的。答题的方法：①抓典型，抓总体，其他部分简单带过即可，准确指出诗句采用的表现手法。②结合诗句来分析作者为什么会采用这样的手法（包括修辞、表现手法与表达方式）？③某一手法是怎样推动诗人的情感传达的？

常言说教无定法。教学方法的探索，一方面需要教师不断学习，不断吸收，另一方面需要结合教学实践不断探索、创新。对学生进行学法指导是教师的一项重要技能，引导学生学会习，让学生掌握事半功倍的学习方法，是教学的终极目标，这对学生而言意义重大，值得老师们好好动一番脑筋，下一番工夫。

第二节 语文教学艺术的特点

一、语文教学艺术具有审美性

苏霍姆林斯基说："我一千次地确信：没有一条富有诗意的、感情的、审美的清泉，就不可能有学生全面的智力的发展。"语文教学强调审美性，要做到：①呈现教学内容的美；②再现教材的情景之美；③注重语言美；④突出教学过程的美，如教师讲课的节奏、教学风格与板书等都要带有一定美感；⑤教师形象之美，包括仪态、神情、举止等。具有审美性特征的语文教学给学生带来了感受美、理解美、鉴赏美甚至创造美的氛围与条件，它让人心情愉悦，是一种精神上的享受。

斯托洛维奇曾指出："在每个领域中出现的凡是值得被称为艺术性的活动都必定具有审美意义。"教师运用各种手法进行教学，这是遵循美的规律进行的一种实践活动，教学具有审美性是必然的，审美创造是语文教学的基本特征之一。语文是一门基础性学科，其教学目的当中本就包含培养小学生的审美观念和创造美的实际能力，语文教学的过程中伴随着审美教育。

语文教学的审美特质表现在两大方面：①教学内容是美的；②施教的过程是美的。语文教材作为教学的主要内容，其中有着极为显著的审美性。教材所选的文章大部分都要求具有审美性，这些经典的作品符合美的要求。小说具有形象美、诗歌具有意境美、议论文具有哲理美、说明文具有情趣之美，这些都是语文审美教育的优质资源。教学时，教师通过美的素材引导学生的审美情感与审美心理，培养学生养成健康的审美观念与良好的审美能力。教学过程当中的"美"指的是教师在语言表达和教态上的美，教师的"教态美"是指教师在教学过程中表现出来的仪态、表情、动作诸方面的一种综合美，衣着要整洁美观，仪表要大方端庄，给人自然亲切之感。教师的表达之美是通过语言美来体现的，教学所用的语言表达要具有启发性和鼓励性，还要有幽默感；教师讲课时要有节奏美，语调起伏有致，语速适中。此外，语文教师的板书也应具有美感，板书的字体工整、层次清楚。

二、语文教学艺术具有清晰性

语文的教学目标、教学过程、学科知识与教学评价间具有清晰的内在逻辑，这显示出了语文教学是缜密、简洁、逻辑清晰的，即语文教学具有清晰化特征。具体包括：知识间的逻辑清晰、教育系统中各要素的内部逻辑清晰、教育教学过程的逻辑清晰。

语文知识有三大类：①规律性的知识，包括字词、修辞、语法与写作等方面的知识；②学习语文的方法论，如思考方法，听、说、读、写的方法，工具书及网站使用等的知识；③教材中的社会常识与自然常识，如有关作品的时代背景、风土人情等的知识。语文学科具有自身的知识体系、概念体系。

教材编写者在编写教材时会重点考虑知识的逻辑性，使教材实用，内容要精选，确保容易理解；教师在教学之前要明确编者在编教材时的意图，了解整个教材的知识脉络，引导学生将知识系统化。

语文的教学目标是指在语文学科的教学中期待学生收获的学习成果。教学目标的达成依赖教学内容、教学方法以及教学评价的有机联系。所以，语文教学除了要使知识体系具有清晰逻辑之外，还要具备明确的教学目标，明确教学目标和知识之间的关系，明确教学方法应依据教学内容而定，关于教学工作的评价要紧密结合教学目标与教学的内容。只有这样，才能使这几个环节形成明晰的逻辑关系。

教学过程指按照教学内容，通过一定方法实现教学目标的所有活动过程。教学过程的逻辑最能体现教育思想及理论价值。教学过程具体又包括若干环节，每一个环节都和一定的教学内容、实践方法及教学目标相关。对于教学环节的基本要求就是有序排列，"有一个明确的、合乎科学的序，教和学才有所遵循。循着这个序，一步一步、踏踏实实地教下去，学下去，才可能有好的效果"。按照学段任务、学期任务、单元目标、一篇课文的要求、一节课的任务，实施语文教育，有序是这一过程顺利完成的基础，对落实教育内容、完成教育目标产生直接的影响。

三、语文教学艺术具有情感性

教学的整个过程也是师、生、教材三者间进行交流信息的动态过程，三方在这一过程中交互作用。信息蕴含着知识与情感，师生在情感交流过程中了解并积累知识，在学习知识的同时交流情感。课本中的文章是情感的集合体。教师运用课文包含的真挚情感引发学生的情感共鸣。广大语文教师要善于把握课文中能引起共鸣的点，这是抒情类作品中情感的凝聚；在叙事类作品中通常是情节发展至高峰时出现的；在哲理类的作品中是情理融合的点。

教师还要注意语言表达要充满情感，拉近与学生的距离。"语言是心灵沟通、情感沟通的有力工具。教师应努力打造自己的语言风格，塑造自己的语言形象，努力提高自己的语言修养和品位，要注重通过声情并茂的朗读来激起学生的审美情感"。

四、语文教学的形象性

教师在教学时，可借助肢体动作、网络图片、音乐、视频等手段，使原本抽象的内容具有形象化特征。形象性是语文教学的重要特征之一。首先，教师的语言表述要形象，通过语言描绘教材或生活中的形象，做到"状难写之景，如在目前"。其次，体态语言也具有形象性。体态语言是教师用手势、姿态、表情来表达信息的一种无声语言，它辅助有声语言，更准确、更生动地表情达意，使抽象的语言符号变为形象的动作，弥补语言表达的不足。教学时，教师生动的手势、激励的目光、亲切的微笑都有助于学生对于知识的理解。使教学更加活泼、生动，唤起学生的兴趣，使教学效率更高。另外，各种现代化教学手段也为形象化教学提供了有效辅助。特别是多媒体设备，它能够绘声绘色地传达教学内容，使之更加直观、形象，让学生产生身临其境的感觉。

五、语文教学艺术具有创造性

语文教学的创造是教师按照一定审美理想，依据美的规律进行的培养人的自觉、自由的一种活动。语文教学的创造性主要体现在教学设计上。教学设计是教师的创造性思维在教学中的灵活运用，需要教师对教材作艺术处理，对学生的学习力进行判断。教师确立的教学目标、选择的教学方法、安排的教学结构等，都对语文课堂的教学行为有着直接影响。语文教学中谋划的最终产物就是教学方案。语文教学的动态性表现在教学的行为上。如果说教学设计是"战略"，那么教学行为则是"战术"。

教师除了要自己不断创新，还有要鼓励和指导学生积极创新。学生在教学活动中是主体，通过学习把外部知识纳入自己的知识结构系统当中。在教法上，教师必须变灌输、压制为启发、引导；在学习方法上，学生要打破"死记硬背"的旧模式，建构自主学习的能力，不断激发自身的潜力。

教学的创造性是新颖性、美感的统一。充满创造性的课堂是充满生命力的，教师教的过程轻松、愉快，学生学起来充满兴致，师生之间良好互动，课堂上的氛围也会非常好。

第三节　语文教学艺术的功能

之所以说语文教学艺术是衡量与鉴别语文教师的教学能力、业务水平的重要标准，是语文教师所追求的一种教育境界，是因为它本身有着独特功能。国内外的学者通过研究发现，语文教学艺术的功能众多。

我国学者王克先在其所著的《学习心理学》一书当中说："一个人的学业成绩由两种因素来决定，一是智力，二是动机。学习本是自动吸收和积极反应，而不是被动的行为。教师不能给学生智力，更不能代替学生学习。教师最大的任务是引起学生的学习动机，给予内在的驱策和激励。动机是学习过程中的核心。"语文教学艺术可以有效激发学生学习的动机。由于学习动机是一种内驱力。语文教学以内在、外在魅力同时吸引学生，这时学生的注意力就容易集中，求知欲会比较强烈，学习效率明显提升。

语文教学艺术有激发学生的学习兴趣、愉悦身心的乐学功能。皮亚杰表示，学生有主动性，强迫学习违反了心理学的原则，所有有效的活动都受兴趣、需要支配。传统教育观念是"你不会学习，我来教你学习；你不愿意学习，我来强制你学习"。当前的观念是"你不会学习，我来教你学习；你不愿意学习，我来吸引你学习"。强制与吸引是两种截然相反的教育观念，产生的实际教育效果也不同。强制学生被动学习只会让学生感到痛苦，觉得学习非常无聊；吸引学生主动去探索和学习，即发挥语文教学的艺术性，让学生感觉到语文学习其乐无穷，越学感觉越有意思。《学记》说："不兴其艺，不能乐学。""艺"是指教学的艺术，是让学生实现"知之""好之"，达到"乐之"，这是教育的最终目标。

当教育达到了艺术化的水平时，学生在课堂上就不会感到枯燥。一方面，他们仍是为了获得知识、锻炼能力而学习。另一方面，学生也是为了追求美、欣赏美、享受美，也就达到了语文教育中的乐学境界。所以，广大教师要深入了解语文教学艺术具有的特点，并通过艺术性的教育对策和课堂教育活动，使语文教学艺术的功能更加多样。钱梦龙、魏书生两位语文教师创造了自己独特的教学方法，具有审美性、创造性等特征，并且实现了优秀的教育方法的育人功能。

钱梦龙老师创造的语文导读法强调学生在阅读实践中的自主性，教学过程要紧扣课文内容，且保证学生的思维活跃，注重发展学生在阅读中的文化素养，包括情感态度、自主意识与审美判断等。导读法对学生产生的影响是多方面的，除了有助于知识积累，还能够发展学生的基本能力，培养自主学习的好习惯，对于学生的人格也有一定的塑造作用。钱梦龙提出"学生为主体，教师为主导"的观点，将学生确定为认知主体，确认了学生在学习探究当中的主观实践能力，学生的潜能是非常巨大的。这改变了教师教学时的主要任务，教师不再像以往一样将知识灌输给学生，而是采用引导和启发的方式，在学生完成学习任务的过程中提供必要的帮助与指导。只有当学生意识到自身在学习中的主体性，认识到以往单向接收知识的模式不利于发挥自身的潜能，他们就会更加积极地参与学习和探索活动，为语文教学带来新的气象。

魏书生提出，教师与学生是一个系统当中的两大要素，为了使整体的功能大于单一项功能的简单相加，师生必须共同运转。他提出："教与学是矛盾的两个方面，解决这个矛盾，靠老师管学生、压学生、主观片面地命令学生，都不能解决矛盾，而只能激化矛盾。强调学生服从老师或强调老师服从学生都是极端的做法。真理常常在两个极端之间的某一点上，这一点就是用民主的方法，使师生之间实现最大限度的互相理解与支持，从而提高教学效率。"

"教学有法，教无定法"。教学方法为教学目的和教学内容提供服务，教学目标、教学体系有差别，教学所运用的方法自然也会存在差别。即教学任务一样，不同教师采用的教学形式和具体方法也是不一样的。就算是同一种教学方法，面对不同的学生、不同的教材，再加上教师教学水平和课堂教学风格的不同，教学实践也会呈现出多样性。钱梦龙和魏书生所用的教学方法，会因教学任务和内容而表现出不同特点。

针对传统课堂以灌输为主的教学方式存在不利于挖掘学生潜力、培养学生的学习独立性等弊端，魏书生提出了六步课堂教学法。课堂是学生获取知识、培养能力，进而开发和提升智力的主阵地，必须全面提升课堂教学的质量。要培养学生独立学习和解决问题的能力，让学生能够自主获取信息，进而有效整合信息并作出反馈。课堂上对学生进行自学训练，与学生在课外独立学习是不同的，课堂上教师发挥了主导作用，进行的自学训练是有目的、有计划的，以促使学生主动投入学习活动，能够灵活运用知识，并形成一定的能力。学生在此过程中是主体，当然也不能忽视教师的引导与点拨。魏书生广泛参考中外教育专家的教学经验，结合长期的教学探索与总结，吸取了控制论和信息论方面的相关理论，推出了六步教学法，即定向—自学—讨论—答疑—自我检测—自我总结。为语文课堂教学提供了有效参考。

"六步法"从课堂教学整体的结构出发，使师生在课堂上相互促进。教师为学生的学习制定目标，学生在目标的引导下进行自学，提出问题，并在小组进行讨论。学生通过自我检测和自我总结验证学习效果。这一系列环节都需要教师随时进行引导、鼓励、督促和点拨。这样才能保证学生在课堂中自主参与学习活动，教师的主导性也得以全面发挥。"六步法"教学使信息交流更加及时，覆盖的范围更广，互动更加深入，而且这种信息交互是公开的，使教学更加民主，学生因此更为积极主动。教师和学生都能对教学过程施加影响，教师广泛听取学生的意见，真正调动起学生学习的积极性，有利于实现教学的全面提质。

钱梦龙在总结几十年的教学经验时表示："在中学阶段，能力的培养比知识的积累更重要。"他在语文教学实践中注重教给学生有效的自学方法；关于教学设计，他创设能够让学生产生主动学习动机的有效情境，激发学生的学习兴趣，这是提高自学效果的重要方法。钱梦龙提出了"三主四式"的导读法，这是一种新的语文教学体系。学生在教师的指导下完成阅读实践，即"导读"的过程。"导读"就教师而言就是对学生的课堂阅读进行指导；从学生角度来说，就是根据教师的指导完成阅读活动。"导""读"相结合，体现了教学活动以训练为主线，教师作为主导，学生作为主体。钱梦龙提出的语文课"三主四式"模式，其主要任务是让学生掌握语文学科的学习规律，使学生最终"会学"。钱梦龙在解读语文导读法的时候说:"将理论、实践结合起来,在其中找到实现由'教'向'不教'转变的路径,使学生不再仅仅依赖老师手把手的教,成为学习上自立的个体,进而在观念、意志以至人格上都真正实现自立。"

钱梦龙和魏书生的语文教学艺术有各自己的特色,他们从自身的实践出发来把握语文学科的教学规律,创造出了有审美意义的、独特的教学风格。二者的语文教学艺术是对教学改革的进一步深化,体现了语文教育中的一些规律,值得广大小学语文教师在教学中借鉴。

第二章 和谐课堂教学的理论基础

第一节 和谐课堂教学的内涵

为了让论述更加全面，需要梳理一下与和谐课堂有关的基本理念，下面对"和谐""和谐教学""和谐课堂""和谐课堂教学"等概念分别进行阐述。

一、和谐

东西方对于"和谐"的研究都有着非常悠久的历史，先哲针对"和谐"有着不同的解释。在西方，和谐是哲学领域最先提出的。西方哲学界对于"和谐"的探究立足于审美角度，"和谐"指的是事物之间实现了最佳结合，强调事物的各项要素达到了均衡、协调的状态。古希腊时期的哲学家、数学家毕达哥拉斯是针对"和谐"进行哲学研究的第一人。以他为代表的毕达哥拉斯学派有一句著名的哲学格言"什么是最美的——和谐"。毕达哥拉斯学派将"和谐"定义为："和谐是杂多的统一，不协调因素的协调。"古希腊另一位哲学家——赫拉克利特则主张的是"对立和谐观"，他认为对立事物之间具有和谐性，并认为"看不见的和谐比看见的和谐更好"。意思是事物的内部矛盾经过对立斗争而产生了各方力量均衡，形成了稳定而统一的和谐。柏拉图的"和谐"观是事物对立双方从冲突与斗争走向了融合与统一。

在我国浩瀚的历史长河中，和谐思想源远流长，在孔子以前就有人对和谐思想进行描述和阐发。但"和谐观念"最初出现时并没有被运用到教学领域。早期对"和谐"精神的探求更侧重应用于当时的政治、经济、文化以及个人人格塑造当中。春秋战国时期，中国的思想家们已经形成了丰富的和谐思想。

和谐的本质是"和而不同",所谓"和而不同"是指通过把握事物各方面的联结、平衡、调和与渗透等关系,寻找出事物的最佳状况。"君子和而不同,小人同而不和"是孔子的名句。"和"的本质在于不同事物间的协和一体,是一种有差异的统一。中国古代哲学一向重视对"差别"的研究,并认为"不同"是事物发展的根本。和谐的最高境界是中和,中庸之道是实现事物间的平衡、均衡发展的途径。

和谐是指不同的事物以及同一事物内部的各要素间的配合恰到好处,处于一种平衡、协调、融合的状态。和谐与统一是对应的,体现了差异中的一致性。和谐代表一种完美的状态,是存在于人类社会、自然界的一种最理想的状态。和谐是教学中遵循的一种指导思想,同时也是教师在教学中追求的理想境界。

二、和谐教学

从系统论来看,教学过程其实是一个系统,该系统是由教师、学生、教材、教法四项基本要素构成的一个有机整体,系统中的要素总是在不断变化、互相协调,教学与外部环境也是相互配合且不断变化的。和谐教学是一种教学策略系统,依据系统论,在教学中力求实现教学诸要素、教学过程、教学环境之间达到协调、平衡,从而保证教学质量,为学生减负,力求让每一个学生实现全面发展。和谐教学是实现真、善、美统一的一种教育境界。

在课堂教学中,各教学要素若能互相协调配合,达到一种和谐状态,就会形成一种非常强大的合力,共同推进教学的进步,使课程质量实现有效提升。相反,若配合不当,就会产生阻力,不但每种要素不能发挥自身的优势,还会使彼此的功能互相抵消,对课堂教学造成不利影响。和谐教学要求在教学时,各种要素协调配合,形成凝聚力,保证课堂教学达到理想效果。课堂教学过程是师生及多种因素间相互作用的过程,教学中的诸项要素一直处于矛盾运动状态,共同推动教学活动的发展,教学整体过程是一种动态、多样化平衡状态。同时,和谐教学也要求教学过程和教学环境之间的和谐,最终目的是让学生在和谐的课堂教学氛围中快乐学习,使学生全面发展,实现健康成长。

三、和谐课堂与和谐课堂教学

和谐课堂作为和谐课堂教学不可或缺的组成部分，为和谐课堂教学的实现提供了良好的氛围。因此，在阐述和谐课堂教学具体的涵义前，首先要明确和谐课堂的涵义。教师传授知识、教授技能、学生掌握知识、习得能力等都是以课堂为主要场所。课堂具有一定的时空形态，需要具备固定的教室、具体的授课时间；课堂又表现出一定的活动性；课堂还具有组合状态，课堂是有诸多要素组合成的，包括师生、生生等组合形式。另外，课堂还有一定的制度特征，即依靠学校纪律、规则来维系和控制；课堂上还有一些心理状态的表现，如课堂的气氛、教师营造的情境等。因此，课堂受多重因素制约，人、物、制度及心理方面的因素都会在不同程度上影响课堂。因此，可将和谐课堂定义为以教室为空间载体，课堂中各种要素呈现出协调合作、互为辅助、彼此促进、协同发展的关系。所谓的和谐课堂主要表现为师生关系和谐、学生之间关系和谐、师生和教学环境和谐。在和谐课堂中，教师要明确教学中存在的问题，通过有效的措施解决这些问题，努力调整好各种要素之间的关系，使其协调发展，为学生的学习活动提供良好环境。

和谐课堂教学是以和谐教学为基础发展而来的，具体指的是从学生认知特点、身心发展规律出发，对课堂教学的相关要素进行调控，包括课堂目标、授课内容、教学方法和模式等，使这些因素具有协调性，能够互相配合，从而保证教学与学生发展需要相契合，实现教学相长的目的，以不断提升课堂质量，使学生的学习更加高效，实现个体的全面、和谐发展。教师开展教学实践要按照素质教育的具体要求进行，保证教师的教学活动与学生的学习活动之间具有协调性。和谐是课堂教学的永恒追求，是课堂教学的最高境界。和谐课堂教学以民主、平等、融洽的师生关系为基础，教学过程中诸要素呈现出协调、配合与多样性的统一，让学生能够自觉、主动地投入学习，学习兴趣提高，个人的潜能得到了进一步挖掘，实践能力与创新精神也得到了培养，促使学生个体的发展达到理想水平，从而提高教学的效率。

和谐课堂教学除要求教师实现自身的发展和谐、学生的身心发展和谐、师生关系和谐、生生关系和谐、教学环境和谐之外，还要求教学目标与学生的身心发展达到和谐、具体教学内容和学生的实际生活经验和谐、教师教学采用的方法与学生的学习方法和谐、教学的手段和教学内容和谐等。总之，和谐课堂教学要求课堂教学中的各要素配合要协调，达到和谐状态，让学生在和谐的氛围中快乐地学习，德、智、体、美、劳等方面得到和谐的发展，并在全面发展的基础上发展学生个性，让全面发展、个性发展统一、和谐进行。

第二节　构建和谐课堂教学的理论基础

一、哲学方面的理论基础

建立一门学科需要哲学提供理论上的指导，和谐课堂教学的构建当然也需要哲学思想指导。马克思主义哲学的世界观和方法论的科学性是经过实践验证的，它要求我们用辩证唯物主义、历史唯物主义的观点来探究与和谐课堂教学构建相关的问题；用普遍联系与永恒发展的观点，将和谐课堂教学的构建与多种因素结合起来，通过分析各因素的动态变化展开研究；用辩证的观点、对立统一的规律探讨和谐课堂教学的构建；用量变与质变规律分析课堂教学的过程变化；通过对内因、外因的分析研究学生的主体性与营造和谐课堂的环境，以整体与部分的视角，辩证认识和谐课堂教学整体构建的任务。

课堂教学作为一个动态变化的系统，它是由若干教学要素构成的，包括教师、学生、授课内容、所用方法与手段等，这些要素是紧密联系的，它们之间既有和谐统一的一面，又有矛盾对立的一面，和谐与对立的矛盾贯穿课堂教学的整个过程，推动教学不断向更高水平发展。否定之否定的规律提示我们，事物的肯定方面与否定方面具有统一性，否定是对于旧事物的根本性的否定，但并不是简单地抛弃旧事物，而是要对其进行继承与变革，在此基础上有选择的扬弃。因此，课堂教学中某些不和谐的音符，如教师与学生之间、学生之间想法不一致等，这对学生来说是有利的，这些所谓的"不和谐"是学生的创造性思维得以发展的根本动力，教师要充分地利用这些"不和谐"。但有一些不和谐的因素对于课堂教学、学生发展具有不良影响，教师要创设条件，使这些不和谐转化为和谐。和谐包括多个层次，经历"不和谐——和谐——不和谐——更深层次的和谐"的周期性、螺旋式发展过程，体现了事物运动的规律。和谐课堂教学同样也是这样的发展过程，一次次的蜕变与发展让师生关系更融洽，课堂教学也更有生机。

和谐课堂教学注重内外部的教学因素统一发展，在事物发展的过程中，外部因素是重要条件，内部因素是促成发展的根本原因，应注重创造和谐的课堂教学环境，以此推动学生和谐发展，还要注重让学生发挥主体性、主动性与自主性，促使学生将教育内化为内在思想、素质与能力。课堂教学由多种联系紧密的教学要素组成，这些要素同时又是一个有机的整体，整体并不是由部分简单相加得来的，而是各部分通过有机结合形成的，当各分部分以经过优化的、合理、有序的结构成为整体的时候，整体的功能比各部分功能简单相加要更强。因此，教师要合理地协调各要素，使其融合统一，让教学过程实现动态平衡，使课堂教学最优化，充分发挥整体功能，达到最佳教学效果。

二、心理学的理论基础

和谐课堂教学的构建和心理科学（教育心理学、发展心理学、社会心理学普通心理学等）的联系密切。心理学为和谐课堂教学的构建提供了有力的理论支撑。课堂教学中，对教师、学生进行心理研究是构建和谐课堂教学的基础。研究教师教学的和谐，教师的思维、个性、能力、品质等都与心理学有关。研究学生学习的和谐，学生身心发展、知识结构、认知水平等也要依靠心理学理论。

心理学研究提出，动机即产生某一行为的内在动力，它决定着行为的发生与发展。如果个体行为无动机驱使，个体就处于被动状态，不会主动开展行动，外界进行强化对机体的刺激也非常有限。美国的心理学研究学者布鲁纳说："最好的学习动机是学生对所学知识本身的内部兴趣。"因此，教师要做到教学内容、手段与学生实际情况达到和谐的状态，从教学内容、学生认知情况出发，选择适宜的、多样化的教学手段，唤醒学生的兴趣，使学生产生内在学习动机。教师还应针对个人情况制订预期的目标，按照发展性的要求设置目标，激励学生努力实现目标，学生完成目标以后会获得成就感和满足感，这种心理上的愉悦会持续激励学生主动探索和学习。

此外，和谐课堂心理环境的构建也和心理学理论关系密切。课堂心理环境指的是课堂教学过程中对师生的心理互动产生直接影响的环境，一般包括班级的学风、师生之间的关系、同学之间的关系、课堂上的气氛等。心理学的研究指出，课堂营造的心理环境除了影响课堂上的教学活动，也会影响学生的认知、情感与行为，对学生身心的健康发展也具有明显影响。课堂心理环境是否融洽，课堂气氛是否活跃，会对整个教学活动产生直接的影响。良好的课堂心理氛围会带动学生积极地参与课堂中的各种活动，而压抑、无聊的课堂气氛会抑制学生的热情。教师要有效营造和谐氛围，使学生和教师、学生和学生、师生和环境等产生愉悦、和谐的心理磁场，从而优化课堂教学的实际效果。

三、多元智能理论

1983 年，哈佛大学教授、著名的心理学家霍华德·加德纳在研究《零点项目》课题时，通过《心智的结构》一书系统地提出了多元智能理论，并在此后对这一理论进行了持续完善。该理论得到了全球教育界的关注，在20 世纪 90 年代成为西方许多国家进行教育改革的主要指导思想。多元智能理论主张学生主动参与，通过探究发现问题，以交流合作的形式进行学习，使教育教学观念产生了重大变革，为实施个性化教学创造了条件，对我国的素质教育、基础教育的课程改革有着重要指导意义，为和谐课堂教学的构建提供了理论依据。

四、建构主义学习理论

建构主义学习理论是当代比较有影响力的一种认知主义学习理论，最早由瑞士心理学家皮亚杰提出，后来又经多位心理学家、科学家的深入研究才逐渐系统化。建构主义学习理论的知识观、教学观、学生观等方面有着独到见解，对我国开展基础教育的课程改革、全面实行素质教育具有重要指导作用。它也是奠定构建和谐课堂教学理论基础的重要部分。

建构主义的学习理论指出，知识是学习者在一定情境之下，依托他人（教师或学习中的伙伴）帮助，利用学习资料，通过协作与交流活动，凭借已有知识经验主动进行意义建构后而获得的，情境、会话、协作和意义建构是学习环境的四项主要构成因素。学习不是教师向学生简单地传递知识，而是学生在原有知识经验的基础上，对外部的信息主动地筛选、加工与处理，构建个人知识体系的过程。

建构主义学习理论强调学生不再是被动地接受知识的对象，而是作为主动的知识体系建构者对信息进行加工与处理，教师在学生进行意义构建的过程中是促进者和辅助者，而非知识灌输者或传授者。建构型的学习最符合学习的本质，也最能有效促进个人实现可持续发展。建构主义学习理论其实不是一种具体学习方法，而是作为人类认识世界和求知探索的方式，这一理论符合新课程理念，且为构建语文教学和谐课堂提供了理论支撑。

教学时，教师要改变"一言堂"的传统灌输式教学方法，从建构主义的学习理论出发，做学生学习和探索活动的帮助者，积极为学生的学习活动营造良好情境，了解学生的思维方式，在此基础上为学生的学习提供导向，让其通过各类信息资源（包括纸质材料、音像资料、多媒体课件和网络信息等）开展学习与探究活动，在学生独立思考与学习的基础上组织合作学习，对合作学习的过程进行有效引导，师生和生生之间及时进行双向或多向的交流活动，从而推动学生原有知识经验与新知识经验相互作用，促使学生对所学知识实现意义构建，将新知识纳入原有知识体系之中。这样能锻炼并提高学生分析问题、解决问题的能力，还能培养其创新方面的能力，有利于课堂中人际关系（师生关系、生生关系）和谐、学习资源和谐、多种学习方式和谐等，进而使课堂教学全面实现和谐化。

五、马斯洛需要的层次理论

美国心理学家马斯洛提出了需要层次理论，将人的需要大致分为三类，即意动需要、认知需要与审美需要。又将意动需要进一步细分为五个层次，即生理需要、安全需要、爱与归属的需要、尊重的需要和自我实现的需要，前面四种需要是基本需要。这五类需要的次序由低到高是逐级上升的，是一步一步连续变化发展的，低层次的需要被满足后，个体就会产生更高层次的需要。往往同一时期内几种需要是同时存在的，每一时期总有一种需要居于主导性地位，行为主体的需要是由一定的原因和动力激励而产生的。五种需要是不可能全部得到满足的，越是上层的需要，被满足的部分越少。低层次的需要得以满足后，其对个体不再产生激励作用，而高层次需要被满足以后，其激励作用反而会增强。

马斯洛提出的需要层次理论在语文教学中有着极为重要的意义，为构建和谐课堂教学提供了理论支持。人的需要是产生行为的直接动力，内部的发展需求为和谐课堂教学构建提供内在的机制。下面针对个体需求层次来分析如何构建和谐课堂：①从生理层次的需要来说，教师要充分考虑学生饮食与睡眠方面的需要。如果上课时间过长易导致疲劳、困累或饥饿等问题，以致影响课堂教学成效。②就安全需要而言，教师应构建和谐的课堂教学物理环境，要注意安全，避免课堂处在噪音、空气等严重污染的包围之中，还要帮助学生克服学习中产生的恐惧、过度焦虑和急躁不安的心理。③就归属与爱的需要而言，教师必须建立一个和谐、温暖的班级集体，倡导合作学习，满足学生的交往需要。④在自尊的需要方面，教师必须建立民主、平等、互相尊重的师生关系，尊重学生，体现学生的主体性。

另外，教师要通过鼓励性评价，通过赏识、肯定等行为调动学生的内在驱动力，使学生充满自信心，找到学习语文的乐趣。人的最高层次需要为自我实现的需要。马斯洛提出，人在达成自我实现的创造过程中，会产生一种"高峰体验"的情感，这时人处于心情最为满足的时刻，是个体最完美、和谐的一种状态。学生要有属于自我实现的需要层次，动机源于需要，需要的层次越高，个性活动的自觉性和积极性也就越高。教师在满足学生现有合理需要的同时，要培养学生更高层次的需要，追求动态平衡，让学生保持较高的学习自觉性，使学生的内在潜质能够得到最大程度地发挥，促进学生全面、和谐、充分发展。

此外，依据马斯洛的需要层次理论，审美需要是个人的高层要求。当前，在素质教育的大背景下，"五育并重"的观点已经在教育界达成了广泛的共识。和谐课堂教学的构建要求教师在教学过程中要渗透美育，要充分挖掘教学内容中美的因素，把知识理论用艺术性的手段呈现给学生，让学生受到美的熏陶、启迪和感染，在潜移默化中塑造学生的灵魂。

六、和谐教育理论

和谐教育的思想无论是在我国还是在西方都有着悠久的历史，西方的和谐教育思想是古希腊时期产生的。古希腊的"三杰"，即苏格拉底、柏拉图与亚里士多德，三者的教育思想都明确提出了和谐发展。苏格拉底提出"美德即知识"。柏拉图重视早期教育，强调学习读、写、算、骑、射等知识与技能，要求 12 至 16 岁的少年要到弦琴学校、体操学校进行专业的学习。亚里士多德将人的灵魂分为植物性的、动物性的与理性的三大部分。与此对应，他提出了体、德、智三个方面的教育。他还认为音乐教育是非常重要的。

近代教育之父夸美纽斯在《大教学论》当中提出："事实上，人不过是身心两方面的一种和谐而已。"德国自然主义教育思想家第斯多惠，在《德国教师培养指南》中提出了和谐教育的思想。第斯多惠认为，个体都应追求自我内在的和谐培养，以和谐培养原理为指导，个人充分发挥自身特长，逐渐发展成完美的人。苏霍姆林斯基是和谐教育思想集大成者，他将教学理论与实践相结合，经过了三十多年的研究，提出了全面和谐发展的教育思想。他认为，为了培养全面和谐发展的人，必须实施和谐教育，即将人对客观世界的认识与个人的自我表现相结合，使二者实现一种平衡。

我国的和谐教育思想可追溯至春秋时期，是由孔子提出的。孔子在教育中主张"礼之用，和为贵"，注重将知、仁、勇统一起来，实际上就是智育（知）、德育（仁）、体育（勇）三方面的统一。蔡元培倡导五育（军国民教育、实利主义教育、公民道德教育、世界观教育与美感教育）并重，陶行知提出了手脑结合的教育主张，这些教育主张当中都蕴含着和谐发展的教育思想。另外，"全面发展"教育是马克思主义教育思想重要的组成部分，马克思主义认为，人实现全面发展指的是人的劳动能力，包括体力与智力都能充分、自由发展，这是和谐教育思想的体现。可见，我国和西方的和谐教育都主张以德、智、体、美、劳全面发展为基础，使学生实现内在个性和谐发展。

当前主张的和谐教育汲取了以往和谐教育的思想精华，并依据马克思主义提出的关于人的全面发展的学说以及现代科学的基本原理而提出的，是立足于促进社会的全面协调可持续发展与所有社会成员的身心全面发展统一，对全社会及教育环境中各项要素的关系进行调控，使社会教育节奏与社会成员的发展节奏契合，使所有社会公众的基本素质得到全面而充分发展的一种教育模式。和谐教育同愉快教育、创新教育、激励教育是一样的，都是为了实现素质教育的培养目标而设计的教育模式。和谐教育以学校课堂教学作为中心，调控教学各要素（教学目标、内容、手段、方法）的关系，使之能够协调、配合，并具有多样性，使教学节奏和学生的发展节奏相符，实现"教"与"学"和谐共振，从而使课堂教学的效率和质量有效提高，减轻学生的课业负担，使每个学生都得到和谐、充分而全面的发展。语文教学的和谐教育理论对和谐课堂的教学观念产生了直接而深刻的影响，为和谐课堂的实现奠定了思想和理论方面的基础。

第三节 和谐课堂教学的构建原则

一、以人为本原则

2003 年，党的十六届三中全会提出"坚持以人为本，树立全面、协调、可持续的发展观，促进经济社会和人的全面发展"的科学发展观，把"以人为本"作为科学发展观的指导原则和根本要求。2006 年，党的十六届六中全会再次将"以人为本"作为建设社会主义和谐社会的指导原则之一写入党的文件中。可见，"以人为本"体现了党的根本宗旨和核心价值取向，这是在对中国共产党人的集体智慧进行凝聚、提炼与升华之后得出的结论，也是对于科学的社会主义理论的进一步发展与丰富。

"以人为本"坚持了马克思主义的唯物史观，"人类的幸福和我们自身的完善"一直是马克思的人生目标，"解放全人类，使每一个人都能得到自由而全面的发展"是马克思主义思想的出发点与最终归宿。马克思主义中的以人为本不同于资产阶级抽象的人道主义，是以科学唯物主义为基础的关于人的解放的一种科学理论，也是以革命实践为基础的关于人的解放的一种革命理论，同时也是一种以文明发展为基础的致力于人的解放的理论。

以人为本构建和谐课堂教学，是学校"全面落实科学发展观、构建和谐社会"的具体体现。学校是培养人才的主要场所，而课堂教学是学校进行教育教学的一种主要形式，如果和谐课堂教学无法实现，和谐校园也就无从谈起，和谐社会的建立也就没有基础。以人为本的原则是指导社会主义和谐社会成功构建的原则之一。因此，和谐课堂的构建也必须遵循以人为本原则。学生是课堂的主体，"以生为本"即是和谐课堂中以人为本的具体体现。

"以生为本"包含两层意思：①教师要深入研究教材，认真备课，组织课堂教学内容时必须考虑所讲内容与学生实际情况是否相符，学生是否能够将全部知识点理解并有效吸收。②课堂中一切活动都坚持以学生全面、和谐发展为出发点，始终将学生放在首位，将学生作为教学工作的出发点，以学生为动力和目的，通过各种形式的教学活动开发学生潜力、提高学生素质、发展学生能力。

构建互相尊重、平等、民主的师生关系，了解学生的需要。在教学中要充分尊重学生的主体性，多为学生提供自我表现的机会，鼓动学生积极参与，让学生之间、学生和教师之间实现有效互动。坚持以人为本，才能体现出教育对于人这一生命主体具有的价值、人的主体地位形成了科学的认识。

二、整体性的原则

可将课堂教学视为由教师、学生、具体教学内容、方法、手段等相互联系的要素所组成的系统。从马克思主义的观点来看，系统是事物内部的互相联系的各要素组成的一个有机整体。整体和部分是相互依存的，没有部分，整体就无法构成，整体若不存在，部分也就失去依存的基础。但整体并不是各个部分简单地相加，而是各部分的一种有机结合，整体有部分没有的全新功能。当各个部分经过合理、优化形成整体之后，整体功能大于各个部分功能之和。相反，若各个部分以不合理的结构组合成整体时，导致各部分的原有性能无法有效发挥，其功能被削弱，或彼此抵消，从而导致整体的功能比各部分功能的和要小。因此，在构建语文和谐课堂时要以整体性为基本原则，使课堂中的各要素有效配合，以达到一种协调统一的状态，即所谓的和谐状态，促使课堂教学整体的功能充分发挥。

就学生而言，整体性原则体现在两个方面：①面向全体学生；②学生个体的全面发展。面向全体学生是指课堂教学要打破以往"英才教学"的模式，教师应关注每一个学生的发展，保证不同层次的学生都能在课堂上有所收获，都有机会参与各项教学活动，使他们均能获得一定程度的提升。教师要对学习存在困难的学生进行有效指导，让学困生一点点掌握知识，在原有基础上有所提升。关于学生个体素质全面发展，人本主义心理学认为，任何一个健康的人都是一个完整统一体，他们的意识、情感、认知和运动较少分离，大多情况下是互相协作的，即为实现同一目的而协同工作。

因此，我们要把人当作一个理智与情感整体进行研究，用整体分析的方式研究个人，才能得到可靠的结果。完整的个人都同时具有自然属性与社会属性，是德、智、体等基本素质构成的有机体。教学应避免只重视知识而忽视能力和品德的做法，教师要关注学生的身心发展、情感与认识的发展等各方面，实现知识和能力以及品德教育的一体化，促使学生的各方面都得到发展。需要特别指出的是，强调学生整体发展的同时并不能忽视学生的个性化发展。全面发展不是平均发展，否则只会扼杀学生的个性。个性发展指的是个体在兴趣、性格、能力、价值观念等方面所形成的稳定特征。个性发展同全面发展并不是矛盾的，二者在个体中是对立统一的。全面发展是个性发展的基础，个性发展是全面发展的核心。要培养创新型的人才，就要在促进学生全面发展的同时保留他们的个性，并使其进一步发展。

三、发展原则

构建和谐课堂教学要始终坚持发展的原则，要以促进师生共同发展为基本原则。和谐的课堂教学要实现学生的和谐发展与教师的和谐发展。教师实现发展是学生获得发展的基础，同时也为学校的可持续发展提供不竭的资源。若教师无法顺应时代的要求而不断发展，就无法带领学生逐步提升素质。学生发展是教师教学的目标，也是课堂教学的终极任务。只有当教师、学生实现共同发展、共同进步，才能促进课堂教学实现持续发展，进而带动学校教育、教学工作的发展。

课堂教学的结构、条件及教学活动，特别是学生学习的状态，决定了课堂教学对于学生的能力和素养的形成有发展价值。"活动"是人实现发展的现实因素与决定因素，同时也是保证学生素质发展的一种机制。课堂教学为学生素质发展提供最重要的途径与资源，为学生兴趣、情感与品德的发展奠定了基础。教师应对学生一视同仁，关心每个学生的发展，要注重发展的主动性、全面性、持续性与差异性。

和谐课堂教学的构建是以多元的智能理论为理论基础的，注重学生的多元智能发展，促进学生的能力发展多元化。和谐课堂教学倡导探究学习、合作学习，改变了学生以往被动学习的局面，创设了互动式的学习氛围，为学生发展拓展了空间。探究式的学习可以有效培养和发展学生在收集信息、处理信息以及分析信息方面的能力，以及动手能力与创新能力等。通过合作发展学生的协作能力与交往能力，通过合作交往丰富学生的情感及多元化的体验。这些能力的培养既体现了课程改革的宗旨，也是构建语文和谐课堂教学的最终目的。

"学高为师，身正为范"，教师传播知识，影响学生的人格，通过自身行为给学生提供示范，教师的言行对学生的世界观、人生观与价值观有着重要而深远的影响。因此，在教学实践中教师要不断提升自身的专业水平与综合素养。教师及时转变教学理念，以学生为本，与学生真诚地互动、交流，形成和谐的师生关系。要有一定的教学智慧和幽默感，能从容地面对意外情况。此外，教师必须不断提升与人合作的能力，教师之间、师生之间要相互合作、互相学习，取长补短。教师还必须不断发展课程开发的意识与能力，随着新课程的实施，教师要充分地认识到自身的教学活动是"用教科书教"，是课程的开发者和建设者，而不是只教学生教科书上的内容，不是课程的消费者和执行者。教师要善于根据学生的心理特点、兴趣爱好与教学内容来开展探究教学。

四、革新性原则

课堂教学是教师和学生真实生命历程的重要舞台，是学校教育教学的主要形式，是实施素质教育的主阵地。目前我国正在进行基础课程教育改革，教育改革应该从课堂教学开始。如果不对课堂教学进行革新，仍然坚持以往的教学模式，那新课程改革的目标就难以实现。课堂教学作为教育改革的一个切入点，是实施新课程的核心环节。和谐课堂教学的构建要坚持革新性原则，即改革创新原则，改革本身就意味着创新，课堂教学要跟随新课程改革的步伐进行改革。创新是一个民族的灵魂，是国家兴旺发达的不竭动力，当然也是和谐课堂教学发展的源泉。

创新涵盖了事物发展的过程与结果，包括新发明与发现、新思想理念、新技术与理论、新方法等所有的新事物。创新教育指的是依据创新原理，以培养学生的创新的意识、创新的思维、创新的能力为主要目标的一种教育理论与方法，使学生系统掌握学科知识，在此基础上发展创新能力。当前，创新教育是全国教育改革的主旋律，是实施素质教育的关键。创新教育首先应该从课堂开始，创新教育需要课堂教学的创新，在课堂教学中，教师要大胆开展创新教育，以培养学生的创新意识和创新能力为己任，转变教育思想，更新教学观念，努力改进教学方法与手段，吸收和运用创新教育的经验，让课堂教学成为培养创新型人才的主阵地。但是，由于传统的教育体制中关于学生的创新能力培养的很多方面都不够完善，限制了创新教育的发展。

在知识经济时代，为了培养创新型的人才，必须在当前教育改革转型时期，从教育教学的观念、培养目标、教学内容、教育方法及管理体制等多个方面着手，增强教育创新的力度，通过教育创新来推进创新教育的实践。教师要改变教学理念，树立新的知识观、学生观、人才观和教学观，这是课堂教学改革与创新的思想基础。教师必须不断提升自身的素质，要具备一定的创新意识与创新能力，角色由单一向多元转变，这是实现课堂教学改革与创新的前提条件。课堂教学要由"教师教为中心"变为"以学生学为中心"，倡导自主、合作、探究的学习方式，学生改变学习方式、教师改变教学方式是课堂教学改革与创新得以实现的关键。打破传统的死记硬背的应试教育评价机制，针对教学实践建立新的科学评价体系，这是实现教学改革和创新的一项根本保障。

五、互动原则

以往的课堂教学只强调学科知识，忽视了学生的主观能动性。教师单向的传输知识、解答问题，不关注学生的需要与兴趣，以教师传授为主，忽视了学生的参与，学生只能被动接受知识，几乎没有有机会积极参与课堂教学的活动。此外，教师一味强调学习的成果，忽视知识习得的过程。学校将分数、升学率作为评估教学和学生学习的唯一标准，导致学生一味死记硬背，根本没有机会开展自主探究，这根本不能发展学生的创造性思维，也不能让学生真正形成解决问题的能力。传统的课堂教学与和谐课堂教学的目的不同，导致学生的身心得不到和谐、统一发展。社会中的人是互相影响、相互作用的，个人的发展受其所能接触到的所有人的影响。和谐课堂教学应是师生有效互动、生生协作的舞台，是师生共同进步、不断发现自身潜能的活动。因此，教师在实践当中要按照互动原则的要求构建和谐课堂，让师生、生生有效互动，实现共同发展。

"互动"是指有效利用各种教学因素，带动学生进行主动学习与探索，让课堂教学的质量更高。在课堂中，互动意味着参与和对话。教学过程是教师、学生、教学内容等因素的互动过程。互动以信息为载体，是一种复合性的活动，具有多向性，是一种多边互动。课堂上的互动分为人与人（师生、学生之间）互动、人机（多媒体、计算机等教学辅助工具）互动、人和文本的互动、人和环境（课堂环境）互动等。其中，师生与生生的互动又进一步分成五种类型：教师个体同学生群体进行的互动、教师个体和学生个体开展的互动、学生个体的互动、学生个体与群体的互动、学生群体与群体的互动。课堂情境与学生心理特点相符，并能激发学生的求知欲，同学之间、师生之间的关系和谐，学生会产生愉快的学习体验，良好的气氛和积极的心态是课堂教学实现有效互动的必备条件。

打造积极的课堂气氛，要依靠教师精心组织。教师是课堂氛围的营造者与维护者。通常教师利用自己的威信，以积极的情感去感染学生，使班级中形成良好的人际关系，学生在学习时始终能够保持较好的状态，且教师能有效地调控课堂教学。进行课堂互动是为了组织合作学习，通过分组讨论、合作学习成果展示、小组互评、教师总结、师生讨论等互动形式，实现有效的课堂互动。这样不仅能够让学生的视野更加开阔，还能使学生之间增进了解，在互动中实现情感的沟通。这样有利于班级成为团结、友爱、互助、活泼的集体。

第三章　小学语文与和谐课堂的界定

第一节　小学语文课堂教学的现状

一、应试教育环境下语文课堂教学的弊端

虽然新课标已经推行了多年，但是因基础教育评价标准没有发生根本性的变化。各学校依然将考试成绩和升学率作为评价教师教学成果的关键指标，教师的教学依然摆脱不了应试教育的影响。很多学校依然沿用应试教育的教学模式，对学生进行灌输式的教学，教学的主要内容还是传授知识点和训练技能。教师是课堂的中心，具有绝对权威，不注重与学生的对话和交流；强调一致性，无视学生的个性化差异；一味关注学生对于知识和技能的接受能力，不注重培养学生的创新与创造能力；重视分数、升学率以及奖惩等的外在动机，不注重学生的发展需要、兴趣等的内在动机。整体课堂氛围缺少生机和活力，学生参与度不高，教师的教学非常吃力，学生的学习也很低效，过重的学习负担导致学生没有时间发展兴趣和爱好，无法实现全面发展。在这一背景下，语文课堂教学的弊端主要有以下几种表现：

教学目标对于教学内容和教学过程具有导向、调节与评价作用，引导着课堂教学活动的始终。语文课程的主要教学任务是让学生掌握考试重点内容，常常是给学生统一的标准答案，而不是让学生自己探索答案，教师认为学生掌握了标准答案也就完成了教学任务。但这种模式的教学活动，学生没有经

过质疑、分析、判断、概括、比较、综合等思考和探索活动，对于教师给出的标准答案难以真正理解。最主要的是，由于教学过程缺少学生的自主思考和探索，根本不能锻炼学生的语文素养和基本能力，也就谈不上创新能力与创新意识的培养。语文教学中一味强调学科的工具性，忽视了学科具有的综合性与人文性，一味强调分数，重视非智力因素，不注重学生情感和观念的培养，忽视了非智力因素。教学目标过于片面、单一，很难让学生的身心实现全面而和谐的发展。

传统语文教学活动中，教师在课堂中是"权威"。在课堂上，教师通常是对知识点进行精细、系统化处理，得出便于学生记忆的结论。教师从教材出发，根据考点安排教学内容，认为只要将重点内容精细、透彻地讲一遍，学生自然就能真正掌握。教师教学的主要任务是将预设好的知识——为学生讲解，让学生形成固定的思维模式，若学生存在疑问，教师会将其往预设的方向引导，如果学生的思考与预设存在脱节的情况，教师往往会采取置之不理的方式进行处理，学生在课堂上完全处于被动地位。将教材作为课堂的根本，将考点作为讲授的重点内容，与学生的实际情况相背离，教师一味讲解，而学生只能进行机械式的反复训练，课堂缺少激情和创造力。这样教条化的课堂教学束缚了学生的个性化发展，学生无法在课堂上发挥自身的主动性与创造性。

传统语文教学大多采用苏联凯洛夫的"五环节"教学模式，即复习学过的旧知、新课导入、讲解新知识、练习与巩固、布置课程作业。这种教学模式在一定程度上有利于知识系统化，使语文教学过程有实效，与应试教育的要求是契合的，且渐渐呈现出模式化特征。可它一旦成为教师长期使用的固定教学模式，必然会对教师教学的特色和个人风格带来种种不利影响。语文课堂教学虽然需要遵循一定规律，但各种规律需要结合实际情况灵活运用，绝对不能一成不变的照搬。教师应根据自己的特长，再结合对教材的理解和对学情的整体把握，逐渐形成自己的教学风格，让教学模式具有动态性，使其与学生的认知需求达到和谐的状态。

语文学科的教学内容和教学方式，甚至连教学进度和评价标准都是统一的，但学生个体具有独特性，不同学生的兴趣、知识储备等都是不同的。这种统一的机械化教学，完全不顾学生的差异，忽视了整体中的个体是多元的。教师是课堂的主宰，学生不具有主体性，师生之间缺少了解，互动也是"一呼百应"的，学生不能单独发挥自主性，主体性无法体现，独立性也被忽视，创造性根本得不到发展。一体化、机械化的教学方法和学生的发展需要是不协调的。

语文学科具有较强的应用性。随着社会飞速发展，各种科技也在不断进步，因此语文教育的观念也需要与时俱进。教师必须紧随时代脚步，及时对自身的教育教学理念进行更新，主动探索与新课标相适应的新的教学模式。

二、新课标下语文课堂教学的误区

新课标实施使教育观念实现了更新，培养人才的模式也发生了变革，使原本枯燥的语文课堂焕发了新的生机。新课标主张教师作为主导，学生是学习的主体，注重学生学习的自主性，倡导合作学习、自主探究。教学中，教师越来越重视学生的主体性、创造性，给学生留出了更多的时间和空间，并鼓励学生进行探索和思考。但有一些教师并没有完全理解新理念的本质，表现为急功近利，甚至矫枉过正，在新课标实施的过程中存在一些误区。

新课标将语文教学目标分成三个维度，除了"知识和能力"这一传统的目标外，还新增了"过程和方法""情感态度和价值观"这两项人文目标。部分教师担心别人指责自己守旧，于是想尽一切办法实现"过程与方法""态度情感与价值观"的教学目标，反而忽视了最基础的"知识与技能"。《语文新课程标准实验稿》明确地指出："工具性与人文性的统一，是语文课程的基本特点。"其实，对语文基本特点的掌握是课堂教学中一项极为重要的基础任务。这种重形式、轻实质、过度虚化的教学目标设计，对于学生能力的培养与知识的掌握非常不利，导致教学收不到切实的成效。

新课标倡导学生的学习要实现自主、合作与探究性，强调教学要实现动态生成，要求教师调动学生的主动性、积极性，发掘学生潜能，培养学生在创新方面的能力，关注个体的差异性，鼓励学生学习实现多样化与个性化。因此，一些教师在教学时就让学生自由探究，自主学习，让学生自己设定学习的目标、选择学习的内容，认为这样就充分实现了学习的自主性。其实，这只是"赋予学生权利"，并不能"增强学生的实际能力"，是一种不负责任的教学行为，表面生看好像充分保证了学生的主体性，事实上却完全忽视了教师的作用，对学生放任自流。学生自己确定学习目标，难免会出现很多问题，导致学习缺少系统性，使课堂教学活动缺少系统的思维。小学生的认知水平有限，仅凭他们自己的能力进行探究与合作，常常会陷入困境或纠结于某一点，难以真正解决问题，影响了课堂学习的进度。这种形式的语文教学表面上热闹红火，其实收效甚微。新课改语文课堂绝对不能削弱教师"传道、授业、解惑"的职能，要求教师根据教学的目标灵活调整内容和方法，使课堂沿着预设的轨道前进，以保证教学效果达到最理想水平，绝对不能忽视或者弱化教师在课堂中的主导作用。

近几年，教育界关于重视语文学科人文性的呼声越来越高了，这其实无可厚非，但是有些教师为迎合新的潮流，从一个极端发展到另一个极端，教学中不重视文本解读、基础知识掌握与基本能力培养，讲课时匆匆带过课文内容，蜻蜓点水式的讲解基础知识，将引申和拓展作为重点，进行"精神培养"，觉得教学中有"双基"相关的内容就偏离了新课改的要求，而是将焦点放在"情感态度与价值观"培养上，把语文课上成了思想教育课，或打着"关注社会、关注人生"的幌子，仅仅将课文内容作为切口，过多引入社会现象、自然现象。

这是偏重语文人文性，弱化工具性的典型表现。《语文课程标准》要求语文教学要实现学科的工具性和人文性统一，这是语文课程具有的基本特点。因此，语文课不能顾此失彼。培养"情感态度和价值观"，应在文本解读的过程中完成，应贯穿在听、说、读、写等基础的语文实践中来完成。离开了这些，"人文性"便成为一个有名无实的标签。架空语文的"工具性"，势必会限制学生知识能力的培养与阅读认知结构的构建，势必会削弱语文学科具有的实际价值。

《九年义务教育语文课程标准》指出："学生是学习和发展的主体。"语文课程的教学必须从学生的身心发展与语文学习特点出发，分析学生个体的差异与学习需要的不同之处，使学生始终保持好奇心与求知欲，激发学生的进取精神和主动意识，倡导合作探究、自主学习的方式。在确定教学的内容、选择教学方法和设计评价方式的时候，都要考虑是否对这种学习方式的形成有利。为了将新课标教学理念落实到实际教学中，一些教师一改过去的讲授教学方式，课堂上基本不讲，生怕一讲解，就被贴上"填鸭式""灌输式"教学的标签。课堂上，教师不必受教学参考书上标准答案的拘束，也不必受限于考试内容，放开手脚之后，课堂的形式也变得多样化，为提高学生学习语文的兴趣，教师竞相采用灵活、新颖的教学手段，包括演讲、辩论、登台板书、故事扮演、情境表演等。多种多样的教学方法与丰富的教学方式，使语文课堂非常热闹。然而，课堂热闹、新颖并不等代表学生有丰富的收获，这需要现实与时间的检验。以当前教师常用的"自主合作探究讨论法"为例，这一方法就存在不少的问题。

1. 讨论内容不合理

任何阅读活动都必然融入了阅读者个人的切身感受。学生在课堂上对语文文本可能存在多种解读，有的方法比较巧妙，有的繁琐复杂，有的视角独特、直中要害，有的却浅尝辄止、牵强附会，可谓不一而足。由于教师怕被批评"不尊重学生的个性"，只要学生提出问题，不管是否有价值，是否有讨论的必要，都组织学生展开讨论。学生随心所欲地问，导致一堂课下来，学生各执一词，无所适从。为了活动而活动，为了讨论而讨论，散乱无序、不分主次的问题讨论，虽然让学生的表达了独特见解，却不够重视对文本，课堂气氛升温，教学成效却迅速降温，导致宝贵的课堂教学时间被浪费。

2. 没有给学生充足的思考时间

教师没有给学生留出充足的思考时间，在学生还不熟悉课文的情况下，便组织讨论。这种讨论其实妨碍了学生熟悉课文，效果还不如独立思考。课堂上，仅有一部分学生能参与讨论，预习不够充分、成绩较差的学生大多数情况下是听众，仅仅是凑热闹，优秀学生大多时候统领小组内其他成员的意见，导致部分学生产生依赖、懒惰思想。

小组讨论容易忽视教师的指导作用，难以保证讨论的质量。由于学生认知水平有限，他们对于文本的解读有深浅和正误之分，这需要教师科学组织，及时引导，在帮助学生拓展知识广度和深度的同时，引导其形成正确的价值观与人生态度。要保证合作学习的有效性，绝对不能忽视教师的作用，离开了教师的组织和引导，学生受限于自身水平，很难在较高的层面上全面把握课文内容，这样必然导致小组合作无序、低效。新课标提倡"自主、合作、探究、开放"的学习方式，但实际结果却是"表面自主、无效合作、随意探究、无度开放"。教学形式服务于教学内容，这些只重形式的课堂教学，浪费了课堂时间，使教学效果大打折扣。

语文教学应是一个生态系统，不同的教师有不同的个性，又面对不同水平的学生，只能根据实际情况灵活调整教学的方式和方法。新课标理念之下的语文教学必然是通过合作、对话与沟通，针对不同个体而形成的一个多边共建系统。教学方式要切实为学生审美个性的发展、人文素养的提升服务。经过实践检验的教学原则与教学规律，具有可操作性、客观性，教师在教学中必须严格遵循。我们要实现的和谐课堂是真正平等、民主、协作、团结的课堂，要严格遵循灌输和疏导统一、因材施教、理论与实际结合的教学原则，要使科学性、人文性实现有效结合，只有这样，才能创设真正的和谐语文课堂。

随着科技的进步，多媒体已经在课堂中得到了广范应用，多媒体的呈现方式是声像同步、图文并茂的，具有很好的动态感，且交互性强、信息量大，在课堂中具有明显的优势。在语文课堂中使用多媒体，可极大调动学生的学习兴趣，扩充课堂容量，拓展学生的视野，提高教学的有效性。但不少教师将利用多媒体作为一种"时尚"，没有做到与语文学科特点相结合，在教学中玩弄新技术以吸引学生的注意力，以热闹的声像组合代替了语言文字深层次文化内涵的解读与赏析，多媒体使用中存在多种误区。

1. 本末倒置，忽视文本

部分教师一味强调多媒体给学生带来的感官刺激，多媒体贯穿课堂教学的始终，基本上没有多余的时间让学生自己阅读文本。虽然多媒体课件能让学生耳目一新，视听冲击比较强烈，能够带来多重感官刺激，使学生的情绪兴奋起来，但是其在课堂占用的时间要远远多于学生解读文本或自主思考的时间，舍本逐末，导致教学效果很不理想。

2. 图解文本，限制了学生想象力的发展

教材中经典的文章可有效激发学生的想象力，但教师却用图片直接展示文本大意，这是画蛇添足。事实上，语文本应以语言文字的学习为核心，通过品味、赏析语言文字，才能为学生的知识积累打下坚实的基础，而现在却演变为欣赏图片，这样跟本不能体现语言文字的魅力，图片呈现的内容虽然比较形象、具体，但往往无法呈现出文本的深层次内涵，也无法体现出汉语教学的魅力，不利于培养和发展学生的联想能力与想象力。

3. 标准答案限制了学生扩散思维的发展

教师为了保证讲课的流畅性，通常提出的问题会在多媒体课件中直接显示标准答案，不给学生自主解读、多元解读文本的机会。这样就限制了学生个性化的解读，而产生生拉硬拽的现象，课堂教学缺少灵活性，也影响了课堂的随机生成。

教师在使用多媒体时，一定要和文本有机结合，保证恰当、适度使用，这样才能与语文教学相辅相成、相得益彰，否则就会费力不讨好。多媒体归根结底是一种教学辅助手段，若是为了进行多媒体展示而淡化或舍弃语文学科的特点和内涵，就是本末倒置。大量的教学实践证明，在语文课堂上运用多媒体，一旦控制不合理就会演变成干扰因素，这样不但不能帮助学生理解文意，更谈不上提高学生的阅读能力、鉴赏能力，反而成了限制课堂教学有效开展的因素。

新课标提倡对学生多鼓励、多肯定、多表扬，让学生建立自信心，进而才能深入地学习和探究。但这种表扬、鼓励的做法成为主流之后，课堂教学中又出现了一些新问题。当学生取得一点成绩的时候，教师往往会过分表扬，廉价的奖励缺乏实际的激励价值，甚至会让学生产生骄傲自满的情绪，认为自己的答案是最好的而沾沾自喜。长期如此，学生就会习惯于浅尝辄止的学习模式，甚至完全听不得不同的意见。虽然有时候学生的课堂表现确实值得表扬，但由于其认知水平所限，对问题的回答必然会有一定的不足，若教师一味表扬学生，则不中肯、不真诚，是不可取的。

实践表明，合理的教学评价需要做到表扬有度、批评有度，教师对学生的学习情况和具体表现进行评价时，既要点出学生回答的优点表示肯定，又要指出其中的不足之处，进行引导，不然学生在思考问题时思路会发生偏移，如果评价只是一味表扬，就起不到应有的引领和提升作用。教师回避或不重视对学生的不足甚至是错误答案作评价，教学评价就是不全面、不中肯的，课堂教学评价具有的教育功能也就无法发挥。

新课标提倡教师教学时应注重课程资源开发与整合，将课外学习资源、学生生活体验等有效纳入课堂，实现语文学科的实践性与综合性。新课改背景下，一些语文教师对这一要求的理解存在偏差，认为不进行"拓展"与"迁移"，就不能提升语文课程的品位，就是不践行新课标提出的新教学理念，于是每堂课都要补充课外资料，做"内外互联""读写结合"式的课堂延伸，以表明课堂容量大、内容丰富。这样硬塞的内容扩展，占用了文本阅读和解析的宝贵时间，导致文本解读匆匆赶进度，只能点到为止，使学生对于文本的理解停留在较浅层次，对基本内容学习及核心内容的理解与掌握是不利的。

事实上，在新课标实施过程当中的一些问题已引起教育界的关注。孙钰柱通过《当前课程改革背景下课堂教学的问题与反思》提出了课程改革中课堂教学存在的问题：①脱离教学内容的"包装"，此类的情境创设失去了根本意义。②流于形式的分组合作学习，根本达不到合作学习的目的。③以学生的发展为本，为了完成所谓自主学习的任务而一味迁就学生。④刻意孤立文本，教学脱离教材难以培养语文基础。⑤探究"泛滥化"，将教师的任何讲解都视为知识灌输。⑥为落实三维目标而淡化了双基教学。

在新课标理念下，教学实践出现的偏差要求教师必须对新课标进行客观、理智地解读，绝对不能对传统教学方法全盘否定，要平衡好继承与创新之间的关系，从教学实际出发，探究师生相互促进的和谐课堂的有效教学模式。

第二节　小学语文课堂与和谐课堂教学的关系

语文课堂教学不断追求和谐的境界，这是语文教学保持魅力的永恒动力。赞可夫在谈课堂生活的时候提到："不要忘记学生本身的生活。"和谐课堂教学有巨大活力，老师能始终关注学生这一学习主体，注重培养和挖掘其潜在能力，培养智慧，刺激好奇心，引导学生通过课堂学习学会合作，感受和谐的学习氛围，发现未知领域的惊喜。这样他们会不断产生思维火花，让课堂充满探索的激情、创造的活力，学生在公正、愉悦、平等、互动的课堂中，通过构建和谐的生生、师生关系，实现课堂各类教学要素和谐交织，以达到教育理念中和谐的理想境界，让学生的知、情、意、行共同进步，达到个体身心的全面协调发展。

叶圣陶说："教师教各种学科，其最终目的在达到不复需教，而学生能自为研究，自求解决。故教师之教，不在全盘授予，而在相机诱导。必令学生运其才智，勤于练习，领悟之源广开，纯熟之功弥深，乃为善教也。"因此，和谐语文教学的课堂中，使教师、学生、教学材料、教学方法、教育目标等各个环节达到和谐，以促进全体学生得到全面和谐发展，这是我们所倡导的和谐教学最终的目标。可以说，和谐教学其实就是良性、健康的语文教学，和谐教学是语文这一学科进行课堂教学的关键。

第三节　小学语文课堂中和谐教学的发展

一、反思——教育停滞阶段，语文课堂中和谐教学的迷失

1953 年，"红领巾教学法"在我国的小学语文教学领域全面推行，国内的教育界掀起学习苏联教育模式的热潮。苏联的教育家凯洛夫提出的"五环节教学法"在这一时期也被应用在语文教学中，即"组织教学—复习旧课—讲授新知识—巩固新知识—布置作业"。这是一种典型的知识体系教学法，以知识为教学重点。但它不适合语文学科的教学，严重束缚了教师与学生的思维。另外，由于实际应用直接生搬硬套，导致这些教学法给我国语文教学留下了非常深远的影响，甚至到现在还有一些老师运用这样的方法进行教学。

凯洛夫将教学过程的本质定义为特色认识过程。受这一理论影响，我国的语文教育领域很长时间以来都将认识过程视为语文教学的本质。导致语文教育中普遍以知识为中心，认为智育至上，在教学过程中注重分析、综合、概括等相关认知能力的培养，忽视了对体验、感悟等情感能力的养成，导致学生的语文能力发展和人格成长不平衡。从 20 世纪 90 年代开始，语文教学强调"双基"，开始重视知识的传授和能力的培养。但在长期的教学实践中，双基教学存在偏差，依然是注重知识教学，注重机械式的灌输，进行大量的重复训练。语文课堂教学的重心一直是教师负责传授知识、学生只要掌握了就算完成了课堂任务，完全没有考虑学生的创造能力如何培养。

从中华人民共和国成立到现在，我国的小学语文教材虽然经历了几次总结和改革，但由于教材的篇目不断变动，教学目标也在发生变化，加上文化背景急速变化，使教师在加工和组织教学材料时的任务更加繁重。教师需要不断增加知识储备、提高阅读能力、开阔视野。另外，我国当前实行班级授课制，学生总人数一般不应超过 30 人，但不少地方由于师资缺乏，班级中的学生超过了 50 人，甚至多于 60 人。在这样的大课堂上，语文课堂和谐教学的操作难度非常大。教学目标与考核标准制约着教师在课堂教学中的自主发挥与创造。这些因素导致语文课堂缺乏和谐的环境，教师、教材和学生之间

实现和谐对话则更为困难。

20 世纪 80 年代，应试教育成为语文课堂教学的新阻力。教学活动都以分数为中心，学生的课业负担加重，传统的灌输式教学、封闭式教学再次成为语文教学中采用的主要模式。教师几乎主宰语文课堂，学生的主体性不能体现出来，严重限制了学生的主观思考，压抑了学生对语文的兴趣，消磨了语文课堂的美感，学生因学习枯燥而变得厌学。

二、回归——教育改革阶段，语文课堂和谐教学的再现

从 20 世纪 80 年代中期开始，我国的语文教育研究便进入了复苏阶段，人们对于语文学科产生了许多新的、理性化的认识，如工具性与人文性统一；训练、陶冶结合；语文教学联系实际生活；以情智协调发展为价值导向；坚持以教师为主导、以学生为主体的课堂角色；坚持言语本位、注重语感积累的教学观；注重培养学生创造力，等等。

新的思想、新的认识带动了语文教学的改革，教学改革中涌现出了一批优秀的语文教育家，推出了许多新的课堂教学模式和方法，语文课堂和谐教学的观念得以重现。关于有效提高课堂的教学效果、改进教学结构与方法方面，一些教育家认为，课堂教学以学生个体的和谐发展为主要目的，教师要以创造性的教学活动有效促进学生的身心全面发展。在教学中，必须从学生、教师的实际考虑。我国很多特级教师在这一方面都进行了积极探索，并取得了很好的效果。

当前，关于语文教学模式与教学方法的研究成果颇丰，它们具有一个共同特点，即坚持和谐教学原则，具体表现在以下几方面：①教师教学的指导思想产生了根本转变，除重视传授基本知识意外，还重视锻炼学生的能力，还将智力开发作为一项重要工作。尊重学生的思维独立性，注重培养学生的思维能力。不仅重视锻炼学生动脑分析问题、动手解决问题的能力，在指导学生自学的过程中，还极为重视培养学生的主动探索精神，从而使其养成善于发现问题、敢于提出问题的能力。②在处理教与学复杂的双边关系时，从课堂教学的整体结构出发，注意维护教学过程中师生间互相促进的关系。在教学的所有环节，既注意教学民主，激励学生主动探索，又充分地发挥教师

的主导作用。③在信息的传递方式上，新课堂教学模式打破了师生纵向交流的局限，使学生之间可以横向交流，信息传递纵横交叉，形成了网络结构。这些教学特点意味着新时期人们在研究语文教学时赋予其新的内涵，即和谐教学。在教育改革阶段，语文课堂必须实现和谐教学，因为它是传统和谐教育的再现与回归，是与时代发展相适应的。

三、走向教育新纪元，全面推广语文课堂和谐教学

现阶段，世界各国的基础教育几乎都把"完整教育""人的全面发展"作为教育的终极目标，把发掘人的潜力与创造性、培养人的个性作为教育的首要目标。联合国教科文组织总干事马约尔说："发展过程首先应为发挥今天还有明天生活在地球上的人的一切潜力创造条件，人是发展的第一主角，又是发展的终极目标。"

为顺应全球教育发展的潮流，我国于20世纪末提出了素质教育。素质教育强调完整性、主体性、开放性和发展性，是我国当代实现基础教育改革的一个基本方向。从素质教育的战略正式实施以来，我国语文教育领域迎来了新纪元。语文教育开展了全方位、多向度的改革，出现了和谐教育、情感教育、完整性教育、自主性教育等多个教学流派，语文教育形成了新气象。特别是和谐教育，其发展态势是势不可挡的，其中既体现了对个体成长的关怀、对人的完整培养，注重个体生命的总体生成，也包含了对"人的整体发展"的追求，秉持"以人为本"的精神开展语文教育的改革与创新，推动语文教育向前发展。和谐教育在学生学习方法上也作了改革与创新，主要包括研究性学习、合作学习、探究学习等方法。关于教学关系方面，明确了师生的关系——教师是主导、学生是主体。我国20世纪末期在全国开展了进新一轮的课程改革，此次改革把和谐教育推至教学前沿，使和谐教学受到前所未有的关注，张贤亮和谐课堂的魅力。

语文教育追求民主、平等、有序、和谐，已经成为推动学科教学不断进步的核心力量。在语文课堂上，随着教学中提倡和谐的师生关系，主张培养学生的创造和创新方面的能力，使学生的身心、人格等均实现和谐发展的新教学理念逐渐形成并全面实施，语文教学必然会重新焕发活力。

第四章　小学语文和谐课堂的功能、特点、模式及策略

第一节　小学语文和谐课堂教学具有的功能

一、促进学生个体全面和谐的发展

个体和谐发展是指人的才能、品质得以协调发展。在古希腊时期，亚里士多德提出和谐教育，强调个人理性与个人全面和谐发展。20 世纪 60 年代，马斯洛的"人本主义"哲学理论也强调教育要以实现人的发展为根本，注重人的全面发展、终身发展，并提出人是环境的主体，有充分发挥自身潜力的倾向。在语文课堂当中，和谐教学实现的学生个体的全面和谐发展主要指学生在"知、情、意、行"方面全面而和谐的发展。

和谐语文课堂教学讲究语文中"文"与"道"之间的关系，并将二者的概念进行了归纳，"文"指的是语文的工具性，"道"指的是语文的人文性。工具性指语文作为重要的思维工具、交际工具，是学习其他学科的一个基础工具，也是学生终身学习的工具，能够培养学生的人际交往能力、鉴赏能力、思维能力、口语表达能力、审美能力等。人文性是指语文学科需要直面人的生活与生命，处理理智与情感的问题，满足各种层次的需要，确立人的尊严和价值，使个人实现心理健康、人格完美、人际关系和谐等的精神上的目标。语文课堂和谐教学实现了文与道的和谐统一，让教学中的各个环节实现协调，既注重知识的传授，又注重情感体验和思想熏陶，使学生的道德和才能互相

促进，德才兼备；情感和认知交融，用认识指导情感，以情感促进认识，二者相互渗透，彼此交融；使个人的发展和集体的发展相协调，从而让学生全面和谐的发展。

二、培养学生形成良好素质

培养学生的身体素质与心理素质，最终目的是使其具备良好的社会适应能力。只有个人具备良好素质，才能在社会生活中与人和谐相处。社会心理学研究表明，与人和谐相处是人的本能及内在的需求，是人实现社会化的一项必然要求。因此，在和谐课堂教学中，学生应学会与人交往，通过与教师、同学的交往掌握一定的技巧，按照彼此尊重、互相理解、团结合作的原则与周围的人建立良好的关系。其次，是培养学生的社会适应能力，具体来说，就是教会学生如何处理在学习、生活中的竞争与合作关系。

和谐的课堂教学的主要特征是人际关系和谐，参与的主体包括教师个体、学生个体及学生群体。因此，学生处理人际关系是通过与教师、学生在课堂教学的互动中习得的。教师在和谐的教学中除了是知识传授者之外，更是学生和谐发展的引导者。课堂教学中，教师要给学生创造民主、自由、融洽、的学习氛围，使学生具备开阔的交流空间、活跃的思维、宽松的环境、愉悦的心情等良好条件，鼓励学生大胆表现自我，进而在师生、生生的讨论、互动学习中，对学生的人际关系进行激活、重组。学生和老师互相尊重、信任，彼此欣赏，从而形成新型师生关系。而学生之间在平等、友好、和谐的交往与学习中不断增进感情，消除误会与偏见，拉近不同层次学生间的距离，成为合作、友爱、团结的学习伙伴。在教学中引领学生的人际交往，其根本目的是让学生展示自我，通过人际交往促进全面发展。学生形成健康心态与良好的人际关系，为其今后步入社会，拥有和谐的社会关系奠定基础。

未来的社会将是竞争、合作并存的社会。从目前学生的心理状态出发来培养学生在社会中的适应能力，需要培养他们的竞争精神与合作能力。在和谐语文教学中，学生之间的关系包含竞争与合作，但这种竞争与合作都是公平的。

和谐课堂中的竞争行为指的是学生在课堂中为达到某一目的而进行的一种公平、公开、良性的较量。教师进行协调引导，学生争相回答问题、积极讨论、认真完成作业、努力考出理想成绩等都属于学生之间的竞争。激励学生积极参与公开、公平的竞争，不仅可以带动班级内学生学习语文知识的积极性，培养拼搏、刻苦的品质，发展学生在情感及社交方面的能力。

和谐课堂中的合作行为，是指学生间为达到某一个共同的目标而互相配合开展的一种联合性的行动。与竞争不同，学生间的合作的产生需要一定的条件，合作是培养出来的。约翰逊提出，有效的合作学习有五个必备的要素：①积极相互依赖的关系；②面对面交互作用；③个体的责任；④合作的技能；⑤集体的自加工。因此，无论是从理论还是从实践方面来看，教学中，教师要为学生营造合作的条件，以引导、帮助学生有效开展合作学习：①激发合作的动机，通过小组竞争的方式强化学生的集体观念，使小组内的凝聚力得以强化，推进合作学习。注重利用小组讨论和探索中得到的成就来激发学生合作学习的动机；②教给学生合作的技巧，促使其形成社会交往能力。教师创设自由、民主的课堂环境，在这样的环境中学生更容易产生合作学习的动机，进而自发提出合作学习的目标、自主选择合作学习的方式，使学生通过课堂实践学习如何与他人进行合作、共同完成任务的技巧；③保证小组成员都能积极参与。教师用集体规范、集体氛围约束每一个学生，保证其在集体学习中做出贡献，同时因材施教，赋予学生一定角色，为不同层次的学生提供自学机会和独立思考时间，给学生布置需要独立完成的作业与任务，等等。

三、激发语文教学的动力，调动师生的积极性

近几年，语文教学的动力问题受到了教育界的广泛关注。依据系统论观点来分析，促使教学过程不断推进的动力是一个层次化的结构系统，该结构系统是多层面的教学矛盾构成的统一体。语文教学活动当中，学生除了要掌握相应的语文知识和技能，使智力水平得到一定发展之外，还要培养态度与

价值观，促进个人情感的发展。因此，语文教学过程动力结构系统中既包含知层面、情感交流层面，又包含精神发展的层面。

我们可从主客观两方面来分析语文教学过程的动力结构系统。客观来看，历史文化蕴含的丰富思想内涵与学生的语言认知水平间存在的矛盾、语文教学要求与学生现阶段语文能力之间的矛盾共同构成了语文教学过程的动力基础。主观方面，学生基于生活实际的多种需要（人际交往需要、自我表达需要、精神发展需要）而存在的学习动机（外部动机、内部动机与成就动机），共同组成了语文教学动力结构系统微观的表现形式。教师在语文教学中应充分发挥主导作用，使语文教学的客观动力转化为主观动力，促使学生将语文教学的目标积极内化，使其对自身主体性形成清晰认识，通过有效的手段唤醒学生的能动性、积极性与创造性。

和谐的语文课堂营造出了民主、自由的学习氛围，为语文教学的发展提供了有力驱动，影响着教学动力系统的构成与相应功能的有效发挥。语文学科的深刻内涵与学生有限的认知水平的矛盾、教学要求与学生现有能力的不平衡，在客观层面成为学生认知的短板，为激发学生产生学习的内部动机创造了必要条件。但这种客观的差距要成为有效激发学生的内部动力，需要通过和谐课堂教学完成。因为良好的教学氛围中，师生关系融洽，才能顺利实现教学目标、完成教育任务。

教师亲切的话语、富有启发的讲述，张弛有度的课堂节奏、灵活的教学方法，师生平等、热烈地展开讨论，通过师生对话交流、合作互动而营造一种平等、自由的教学情境，让学生在不知不觉中被带进知识的殿堂。打破知识的神秘性与抽象性，学生心中会渐渐萌发出求知的冲动、表达的需要、交流的渴望，体验通过学习知识获得的愉悦感和满足感。在这样的和谐教学中，语文教学的动力才能真正发挥实效。因此，和谐的语文课堂教学是保障语文动力系统持续发挥作用的重要条件，推动语文教学的发展，激发语文教学的活力，在调动师生的积极性上发挥了重要作用。

四、改进语文课堂教学的过程，优化教学效果

教师、学生与教材是语文课堂的三大基本的构成要素，但这些要素不是

孤立、静止的，三者存在有机联系。课堂教学三要素是相互作用的，一直在进行能量交换和信息交流，形成动态系统，也就是语文教学过程。巴班斯基针对教育教学提出了教学过程最优化理论："教学过程最优化就是指在教学、教育和学生发展方面保证达到当时条件下尽可能大的成效，而师生用于课堂教学和课外作业的时间又不超过学校卫生学所规定的标准"。"在当时的条件下获取尽可能大的成效"是指通过优化教学使班级中的所有学生都能掌握教材内容，达到其自身的最高水平（及格、良或优秀），让优等生得到进一步提升，差生能保证及格。根据这一定义，巴班斯基还针对教学过程最优化提出了两项标准：①教学效果，学生能在学习上"获得最高可能的水平（当然不能低于及格水平）；②时间消耗，即在一定条件下，师生为达到这个最高水平而付出的最少的时间"。

在教学过程中，老师与学生是具有能动性的要素。因此语文教学过程存在两种活动：教师组织教学、学生进行学习；包含两个过程：教授的过程与学习的过程。在和谐的课堂中，这两个主体的活动及开展的过程是协调发展的，从而保证课堂上教与学的过程达到最优，保证课堂教学效果。因此，应通过以下有效措施优化教学的效果。

必选全面考虑语教学中的各类因素，还要顾及各系统间的内在联系与系统内部的各要素，使其达到和谐、统一的状态。教学过程是一个系统，这一系统的各要素形成了一个个子系统。只有系统中各项要素、各个组成部分之间实现密切配合，协调一致，始终保持和谐，才能使教学效果得到整体提高。语文课堂教学是一个包含多项要素的复杂系统。和谐教学让这些因素达到全面和谐的状态，优化了课堂教学。首先，教学过程整体系统要和谐，即教师、学生和谐，教师、教材和谐，教师、教法和谐，学生、教材之间和谐，学生、教法之间和谐，教材、教法相适应。其次，教学过程的子系统要达到和谐、统一（教师、学生以及教材、教法四要素是四个不同的子系统），也就是说教师自身、学生自身、教材自身以及教法自身都要和谐。这些子系统与整体系统都和谐，才能使教师重新认识教学中各要素的功能与地位，让各要素都能全面发挥作用，以达到教学效果的最优化。

　　优化教学设计是实现和谐教学的前提。从教学过程来看，语文教学要优化的部分包括教案设计、教学过程的设计、教学方法选择和课堂调控等。而从语文学科的内容结构上来看，教学设计需要优化的有：阅读教学、作文教学、听说教学等。和谐课堂中，教师进行精心完成教学设计之后还要筛选，力求每一堂课都能成为精品课。在实施教学设计的过程中，教师应从班级学生实际情况出发，考虑学生的知识接受水平，经过信息处理之后，使教学内容最优，通过优化组合的方式完善教学结构。

第二节　小学语文和谐课堂教学的特点

　　和谐课堂教学的基本特点是："井然有序，充满活力；积极主动，优质高效；民主公平，尊重差异；参与合作，共同发展。"课堂教学井然有序指的是课堂教学要有严明的组织纪律与行为规范，课堂教学的整个过程要体现出顺序性特征。教师要积极创设与学生的认知特点相符的情境，使学生在学习时能产生内在的动机，使其积极开展探究与学习。学生之间有个性差异，和谐课堂要充分体现公平性、民主性，教师要充分尊重学生的差异，使所有学生都能在课堂上有一定的收获。小学语文和谐课堂教学除具有以上基本特点之外，在具体教学过程中还具有以下具体特点。

一、科学性、艺术性达到和谐

　　小学语文课堂教学是一门科学，同时也是一门艺术，兼具科学性和艺术性。其中，科学性指规律，而艺术性指创新，有效的课堂教学要达到科学性与艺术性的高度统一。教师应按照教育教学的规律进行实践，既要保证教学内容、教学设计具有科学性，又要强调教学手段、教学形式的艺术性，采用的教学方法、选择的教学内容要与学生的特点协调，尽可能让教学活动更加丰富多彩，这样才能对学生形成吸引力，使其在轻松、愉快的氛围中有效获取知识、掌握技能、发展能力、提升素质。课堂教学要做到科学性与艺术性的统一，教师才能真正掌握课堂教学的诀窍。

二、预设性和生成性达到和谐

　　预设、生成是对立统一的矛盾体。预设与生成相互依存，离开预设，生成就具有盲目性；而没有生成，预设就会表现为低效。小学语文的和谐课堂教学应将预设、生成统一起来，预设是和谐课堂教学的前提和基础，指的是教师课前教学设计环节，体现出教师对学生认知、教学内容等的预见性与驾驭能力。生成是发生变化，是一种升华，指的是实际教学活动发生、发展以及变化的过程，是一种动态的展现，体现出了知识的动态性、情境性与建构性，也表现出了教学过程具有的复杂性。新课标倡导动态生成，这是因为动态生成能够让课堂教学重新焕发活力。我们必须将生成和预设置于同等重要的位置，没有预设就不可能产生有效生成，预设不充分，生成也不会精彩。

三、主导性和主体性实现和谐

　　教师发挥主导作用、学生处于主体地位，这是语文和谐课堂的一个重要特点。教师的知识、思想、能力等的水平都要比学生更高。教师可依据教育目标来组织教学内容，选择适当的方法与手段，灵活调整教学策略，引导学生有效学习。学生作为认知主体，具有主观能动性，要想真正掌握知识、发展能力还要靠其内在动力。因此，在教学的过程中，教师必须调动起学生的主动性和积极性，充分发挥学生主体作用。在整个教学过程中都要坚持以教师为主导、以学生为主体，二者互相促进、共同进步。

四、接受性和探究性和谐

　　新课标虽然提倡自主学习与合作学习，但并没有全盘否定接受式学习的作用。以记忆、听讲为主要形式的接受学习能够让学生在短时间内掌握较多知识，而探究式学习在培养学生创新精神与实践能力方面又具有接受学习不具备的功能。因此，可以将这两种学习方式结合起来，实现优势互补，这是和谐课堂表现出的又一特点。要分析学生的情况，立足学科性质和教材内容，注重探究学习与接受学习协调配合，让整体的教学效果达到理想状态；在让学生充分发挥积极性、主动性的同时又能保证学生系统而全面地掌握知识。

五、合作性和独立性和谐

合作学习是一种新的学习方式，已得到了教育教学领域的广泛认同。小组互动、人人参与、竞争合作是共享知识和经验、启迪思维的一种有效的方式。需要明确的是，合作学习需要一定的前提条件，即学生个体要具备独立思考的能力，这是因为人类习得知识与能力需要通过独立学习来实现。因此，小学语文和谐课堂倡导以独立思考、自主探索为基础，开展形式多样的合作学习。实现合作学习、独立思考的统一，是和谐课堂教学具有的又一个主要特点。

课堂中，有些学习内容通过独立思考就可以掌握，并不需要分组讨论，学习内容不同，其合作方式、合作时机也不一样，教师应据教学内容、实际情境与学生的情况，将合作学习和独立思考进行有机结合。在组织学生合作学习前，应让学生进行独立思考，形成初步的想法之后再进行深入的探究与交流，这样做是为了防止了不爱动脑筋的学生过度依赖其他同学，在合作学习中浑水摸鱼。

第三节　小学语文和谐课堂教学的主要模式

和谐语文课堂的教学模式致力于和谐课堂关系的形成，使教学活动内部要素间的关系得到优化，以便促进学生人格与能力的和谐发展。和谐课堂教学是以教学情境和谐、认知结构和谐、教学互动和谐为一体，包括定向、探究、巩固、评价等环节的多维和谐整体。和谐课堂的主线是实现教学结构、教学各要素之间的和谐，副线是教学分步骤操作，要求操作要点具体，要有名确的目标、清晰的步骤、合适的方法与合理的组织。我国的特级教师推出了集中和谐课堂的教学模式。随着这一教育理念的广泛推行，当前应用较广的语文课堂教学的模式主要有以下几种。

一、和谐教学模式

和谐教学模式的具体环节为：准备阶段（知识内容、具体的情境、学生状态）→导学（学生自学、小组讨论、教师点拨）→评价（激活知识间的联系、布置作业、发挥学生的创造力）。和谐课堂模式，包含了对立统一的哲学思想，强调将时、空、人、教学信息、手段、情境、认知、情感等性质不同的因素按照——对立的组合形式组织起来，遵循学生身心发展的规律，追求教学活动与学生发展和谐共振的效应，让学生通过在和谐的课堂氛围中学习来实现全面和谐发展。

随着在教学实践的推进，和谐教学模式产生了很多的变化，"立美—和谐教学模式"是一种比较新的和谐教学模式，该模式主要是通过教学美来塑造和谐人格，这一模式由四个基本的教学环节构成：诱导→美育→乐学→创新，与这些环节相对应的学生学习状态为：激趣→共鸣→拓展→和谐。

二、启发式教学模式

启发式教学模式主要包括三种类型：启发—发现模式、启发—创新模式、启发—构建模式。

启发学生，引出问题，进而展开探索活动；设置问题假设，展开深入的阅读实践；收集材料，针对材料进行交流，总结结论；进行综合比较与筛选，使学生认同自身的发现，然后继续做深层探究。这种教学模式强调课堂中学生的主体性，致力于营造和谐的、民主的氛围，促进学生的全面发展。

这一教学模式的具体流程包括：感性体验（形成感性的认识）→思考问题（对问题形成认识）→理性讲授（使学生形成理性认识）→实际运用（深化学生对问题的认识）→反馈与评价（深化学生的理性认识）。该教学模式将理性认识与非理性教育结合起来，通过问题思考启发学生，让学生通过学习真正领悟知识、形成能力，主要强调教学的过程。

这一模式的具体过程包括：构建学习情境→引导自主学习→组织协作学习→学习评价。它强调教学活动中师生关系是平等的，双方要进行互动与合作，强调发挥师生各自具有的主体性，学生在教师的启发、引导下积极、自主地学习，并将新的知识融入已有的知识结构中。

启发教学模式打破了传统教学的思维模式，使课堂上的活动主要以学生的自学为主，最终的目的是提高教学效率，教学方式由最初的"教师呈现—学生接受"转变为"教师启发—学生自学"。

三、集体性教学模式

集体性教学模式的实践过程为：学生独立思考→组织小组展开讨论→不同小组之间就问题进行交流→教师对学生的表现作出评价。这种模式为学生供了更多参与及表现的机会，也为学生提供了竞争、合作的机会，培养了学生的集体意识和活动能力，使语文教学发挥德育与智育的双重教育功能。集体教学模式以学校中的课堂教学为主要渠道，以师生平等合作和谐关系作为基本前提，以创设有利于学生主动参的和谐教学环境为保证，以培养学生创新思维、创新能力为主要任务，使学生的智力和非智力协调发展，提高课堂上的学习效率、教学质量的一种语文教学模式。

分析上述教学模式可以发现，新时期语文课堂教学模式的发展趋势呈现出的主要特点有以下几种：①新的和谐教学模式是一种发射性、开放性的程序，是一种以能力培养为中心的复合程序，教学活动的结构体系相对复杂。②新的和谐教学模式注重教学过程，以学生身心和谐而全面的发展作为教学的主要目标；选择教学内容时，注重学生心理与情感因素的作用，教育中将智商与情商的培养结合起来；教学设计的意图，追求的是在教学目标引导下教学过程的本身，尊重学生在整体教学过程中的情感体验与创新精神；在语文学科的价值取向方面，更强调学生发展的实际需要以及学生身心的健康、和谐发展，目的是在完成知识传授的同时引领学生实现个体全面发展。③重视学生在课堂中的主体地位。和谐教学模式给学生学习与发展提供了良好环境，学生的主体性得到正视，这样更加有利于学生个体实现自由发展。

第四节 小学语文和谐课堂教学的策略

一、构建民主平等的新型师生关系

和谐课堂的教学活动是在教师和学生间展开的，双方处于相同的情境之中，通过沟通完成教育与接受教育。在和谐课堂中，师生进行平等、民主的交流、互动与对话，是一种新型的合作关系。师生并不把对方仅仅看作有待认识的对象，而是将对方视为共同讨论文本或话题的伙伴。在教学中的师生双方都作为完整的人，人格是平等的，都为了共同教学目标进行交流与互动等活动。师生将各自的情感、理性、直觉、感觉、思想、行动、经验、知识等真实地展现出来，积极参与教学活动。

现代教学论强调建立民主、平等的师生关系。和谐的师生关系对提高课堂教学效率有极大帮助，有助于学生充分展现聪明才智，对于师生身心健康也是有益的。同时也应树立"教师是主导，学生是主体"的教学观念。课堂上，学生才是学习的主人，是知识的探求者与发现者；教师要作为课堂教学的指导者，积极发挥组织作用，学生学习知识、形成能力都离不开教师的指点与启发，教师在教学中的一切活动都是为了让学生进步。

民主的师生关系是实施和谐教学的核心，为此，语文教师在教学中应做到以下几点：

（1）宽容和尊重。只有师生在课堂上互相尊重，才能实现民主和平等。事实上，每个人都有尊重和爱的需要，马斯洛把尊重和爱归为人的基本需要，说明了这对于人际关系具有重大意义。尊重学生，就是要宽容、理解和接纳学生。教师对于学生的宽容和尊重表现在人格、思维方式、情感、行为方式等多个方面。教师能够宽容、理解、尊重学生，才能为其提供自我表达的机会与空间，培养其形成正确的是非观；让学生迸发个性思维火花，学会创新、创造；尊重学生的个性化发展，为学生营造自由宽松的课堂环境，以便于他们展示自我和发展自我，实现和谐教学。

（2）理解、合作。只有师生互相理解，通过交流、合作才能实现精神层面的沟通与经验共享。因此，师生在交往中要敞开心扉，坦诚地交流，这样才能促进对彼此的了解、互相信任，形成良好的课堂教学氛围，使课堂中的教与学和谐发展。

（3）激励和欣赏。和谐师生关系不只是传统意义上知识、技能的有效传递与获取，它强调的是有深度的思想交流与精神层面的对话。和谐课堂中建立的师生关系更接近于朋友之间相互依赖的关系、长辈和晚辈间的爱护与尊敬的关系，在平等对话的基础上互动互学、相互欣赏、相互协调的关系。因此，师生间的激励和欣赏是建立民主、平等的新型师生关系的必要条件。

二、教师、教材与学生的对话关系

对话是指在教学中师生之间平等交流的一种互动关系。和谐语文课堂教学除要求师生平等对话外，更强调教师的教学活动、学生的学习活动以及教材三者之间都能够和谐对话。对话以建立民主、平等师生关系的作为前提，教师运用教材科学性、艺术性、创造性地教学，学生从教材出发主动、积极地学，两种活动构成了有序、和谐的对话关系。这种关系使语文教学的构成从以往单向的直线往复升级为辐射型、网络式，能够切实将语文学科的综合性特征体现出来。另外，教师根据语文教材特点，针对学生实际，对话将语文知识的传授、学科基础能力的训练、思想情操的陶冶、智力的发展融为一体，促进师生双方的积极性得到充分发挥，使语文教学进入和谐的境界。

课堂教学的过程是非常复杂的，教师、学生、教材通过对话相互作用，其中又充满矛盾对立。矛盾对立的原因可从三个方面进行分析：①从教学过程来看，教师是主体，是施教者；而教材是实施教学的依据，是教师与学生通过自主活动直接作用的对象，是客体。教师是施教主体，他的主要职责是将教材中相关的知识结构融入学生的认知结构当中，这贯穿在教给学生知识、培养能力的过程中。②从学习过程来看，学生是受教育的主体。教材是客体，是学生要认识的客观对象。相对于学生而言，教师也是客体，但教师不同于教材，其具有主体性与主导性，也是学生这一主体认识教材这一客体的一个"中介"。③教材是教师与学生都要认知的对象，是教与学活动的一个依据，它有自身的结构系统与变化规律，且内容明确。因此，教师在教学时既受教学理论、教学大纲中相关的要求、业务水平等因素的制约，又要考虑教材的知识点和疑难点、学生的知识水平和接受能力、学生个体的学习水平和需要等多种问题，进而才能决定如何传授知识，怎样促进学生的能力与智力发展。

　　另外，每个语文教师教学时都有自己的教学特色和方法，但学生学习时，由于个体的智力、意志、情感等存在差异，对于教材中的知识点有自己的偏好与侧重，自身的兴趣会对学习效果产生直接影响。因而，要使三者之间和谐对话，必须做好两个方面的工作：

　　（1）教师要灵活解读教材，以质疑为切入点进行对话。教师在解读教材内容时，要注重灵活性，"对话"应以"质疑"为基础。教师要深入解读教材，对教学目标有准确把握，分析教材疑点、难点，做到完全了解教材和学生，灵活应对。在教学对话中注重质疑辩难，引导学生分析和掌握语言风格，创造性地构建文本意义，关注人生价值的讨论，让学生获得认知层面的发展、情感层面的体验、人格层面的建树，这样才能让教材与学生的发展实现和谐共振。

　　（2）三大要素的对话要注意开放性与创造性。教师、学生在同教材文本对话时应是开放的，且具有创造性。解读教材文本的活动本质上是对文本意义开放性的建构活动，这一活动的主要特征就是创造性。由于文本的意义解读有无限种可能，读者通过解读不断生成文本意义。只有重视解读对文本意义的创造作用，才能赋予文本以新的生命力，不断从新的角度揭示文本深层次的内涵。伽达默尔说："对一个文本或艺术品的真正意义的发现是没有止境的，这实际上是一个无限的过程，不仅新的误解被不断克服，而是真义得以从掩蔽它的那些事件中敞亮，而且新的理解也不断涌现，并揭示出全新的意义。"所以，语文教学当中对文本解读时，要用主客体间的对话来打破以往文本解读过程中的封闭性、单向性、绝对性的限制，让文本解读表现出双向性、开放性与创造性。通过激发学生的探究兴趣，促进其进行阅读扩展，让学生产生创造的欲望，这样才能在和教材对话的过中培养师生的探索精神、创新精神，教与学相互促进，师生同步协调发展。

三、传授知识和训练能力要和谐交织

人通过各种感官认知客观世界来获得知识。个体通过观看、聆听、触摸、嗅觉、味觉、思维等感知外部世界，个体的所有器官均参与人类的文化活动。《礼记·学记》提到"学无当于五官，五官不得不治"，意思是学习都要经过五官的活动，若五官不参与学习的活动，是无法学好的。学生是学习的主人，他们在和谐语文的学习中必须通过自己探索，即动口、动手、动脑，进行听、说、读、写训练，个人的能力才能得到实质发展。

叶圣陶说："语文教学不仅是传授知识的，尤其重要的，在于培养学生听、说、读、写的能力"。研究证明，如果教学中将学生的眼、耳、手、口、鼻、等多种感官都调动起来，充分发挥各个器官的感知功能，语文学习的成效会显著提高。心理学实验表明，人通过视觉接受的知识，记忆率为70%；通过听觉获得的信息，能记忆约60%；将视听结合起来，能够记忆全部信息的86.3%。学生只通过听觉获得知识，三小时后还能够记住70%；三天之后可保持记住20%；若视听结合，三小时后能记住85%，三日之后依然可保持在65%左右。因此，听的学习效果不如看；看的效果又不如眼、耳、手、脑结合。这是因为，多种感官协调活动，可使大脑皮层针对同一意义留下多条痕迹，便于听觉区、视觉区、嗅觉区以及运动觉区同语言区之间建立联系，多通道的感知的效果远优于单一感官的感知效果。

所以，宋代学者朱熹谈到读书时，提出要"三到"，即"心到、眼到、口到"。朱熹认为："心不在此，则眼看不仔细，心眼即不专一，却只浪漫诵读，决不能记，记亦不能久也"。因此，和谐语文课堂中，教师在传授知识的同时，也要注意提升学生课堂上的学习效率，突出学生的主体地位，通过过有效方式创设听、说、读、写的相关情境，让学生会通过自身努力全面提高语文的基础与能力。这既符合语文科目"听、说、读、写宜并重"的教学要求，也与语文和谐教学中的认识规律一致。

思维活动是人类特有的精神活动，从人脑左右分工的生理情况来看，可以将思维分为左脑型思维与右脑型思维。左脑型思维是逻辑思维，必须依赖语言才能实现，具有线性特征，受语言的影响，同时具有清晰性特点，因此也称其为语言思维。左脑型思维的可以实现演绎推理、抽象思维、数字运算、形成概念等多种功能；右脑型思维主要完成情感思维、形象思维、创造性思维等活动，可脱离语言单独进行思维活动，具有整体性、立体性特点。

从思维的特点可以看出，语文教学和思维之间的有着非常密切的关系。语文教学实际是培养学生思维能力的活动，培养思维能力是语文教学的主要任务之一。教师在教学中，无论在问题设计上还是在练习设计上，都要注重启发学生，根据维果茨基的"最近发展区"相关理论，应该让学生"跳一跳摘桃子"，使知识传授与思维能力的培养更加协调，形成相互促进、和谐交织的互动关系。教师要做到以下几点：

（1）课堂教学中有目的、有计划地训练学生的思维能力，把语文学科的知识训练和思维训练统一起来，用于指导学生开展听、说、读、写的实践，使思维、语言、技能均能有效发展，有意识地把语文学习中的语言活动同思维结合起来，进行综合训练，使学生养成善于调动思维的好习惯，以形成科学、合理的思维结构。这时的思维过程即语文活动过程，语文学科活动的结果也是思维运转的结果。

（2）和谐教学是教师通过提问引导学生解疑答惑，在此过程中不断思考和积累的过程。教师要通过设置矛盾的方式，让学生产生疑问，进而积极思考。老师传授知识的时候要精心设置问题，让学生都能参与到教学当中，调动他们对语文学科的兴趣，这样才能积极思考问题。

（3）拓展课堂思维空间，树立大语文观。课堂教学不能将学生局限在狭小的教室当中，而是要放飞学生的思维，让他们展开联想与想象，拓宽思维的空间，在得出的多个答案当中选择一个最佳答案。这样不仅让学生获得了系统的语文知识，而且使探究答案的空间放大，使他们的思路得到拓展。同时，语文要以生活为外延，语文教学若脱离生活实际，学生的思维能力就会枯竭。

教师必须打破"以教师为中心、以课堂为中心、以课本为中心"的观念，尽量扩展语文教学的思维空间，为语文学习寻找第二课堂，树立"得法于课内，增益于课外"的语文教育观念，让学生多关注生活、关爱他人、关心社会。在这样的情怀中学习语文、运用语文，让学生的思维更加广阔、深刻、灵活。

四、教学中各项要素达到和谐的状态

教师对学生的教育分为"言传"与"身教"，语文学科教学的主要任务是语言教学，语言也是教学的一种主要手段，最终需要通过语言完成教学的各项任务。教学的实践表明，教师的语言表达能力和技巧是影响学生语文学习效果和教学质量的关键因素。在实际语文教学中，教师除了通过有声语言向学生传授知识、技能，还会经常利用肢体语言、表情等无声的语言对学生进行信息传递。因此，语文教师在课堂的教学语言、非语言都需要保证和谐。

教师通过语言传递知识、解疑答惑时，还要注意结合手势、动作、表情等一系列的非语言手段，让自己的表达更加生动、形象。这是因为非语言能够使教师的表达与呈现更加生动，有时非语言在传情达意方面的表现力甚至超越了语言，能够传递出无法用语言直接表达的微妙感情和复杂的内心活动，达到"此时无声胜有声"的效果。苏联的教育学者马卡连柯说："只有学会用 15 种至 20 种音调来说'到这里来'的时候，只有学会在脸色、姿态和声音的运用上做出 20 种风格韵调的时候，我就变成了一个真正有技巧的人。"

在和谐语文课堂中，教师用热烈而富有激情的语言、传神的眼神、生动的面部表情及各种肢体动作，将这些语言、非语言协调应用，让学生获得知识与信息的同时，受到精神上的熏陶，获得一定的美感。

学生学习过程中的心理活动是指学生学习时内隐的、不能直接观察到的心理变化。学生学习的状况、效果是通过具体的学习行为才能表现出来的。

学习行为的变化并不非凭空产生的，而是内在心理原因引发的，并受各类内在的心理因素制约，是心理活动的外化。和谐语文教学将产生和谐学习行为的内在心理要素作为研究重点，以便于认识、预测和控制学生的学习行为。要促使学生产生高效学习的心理，必须有和谐的课堂氛围。教师应创设生动、活泼、民主、自由的课堂氛围，才能有效调动学生的积极性。在引导人人参与，鼓励学生表达不同观点的同时，教师还要掌握倾听、鼓励的技巧，充分激发学生的潜力，让学生在学习时始终充满求知欲与好奇心。在这种心理状态下，教师引导他们进行积极的思考与探究。巴班斯基曾表示："教师是否善于在课堂上建立精神上和心理上的良好气氛是起着巨大作用的，在良好的气氛下，学生的学习活动就会特别有成果，就会达到可能的最优效果。"

教学氛围是教学中的情境在心理上反映出来的一种氛围，是参与教学活动的主体（师生）具有的带有弥散性的整体心理氛围。良好的教学氛围应该严肃又不失活泼，紧张而有序，庄严而不失亲切，既充满竞争意识，又不缺少合作与交流。同时，教师要积极营造轻松、活泼的教学氛围，让学生在学习过程中获得愉悦的体验，这样也能促进知识点的记忆和理解。国外的相关研究表明，心理状态差的学生往往学习效率很低。研究数据显示，那些心情最低落的学生大概能够记住所学新知识的75%，而那些心理状态理想的学生大概能记住95%的内容。大家在平时也会有这样的感觉，当自己心理状态好的时候，记东西很快，而且不易遗忘，而心情不佳的时候，即使读很多遍材料，还是记不住内容，即使能够勉强记住，也会很快忘记。赞可夫说："扎实地掌握知识，与其说是靠多次的重复，不如说是靠理解，靠内部的诱因，靠学生的情绪状态而达到的。"因为，当人们的情绪比较积极、愉快时，思维就会变得敏捷、灵活，此时做出的分析和判断也更加准确。人们心情不佳、情绪低落的时候，思维往往会比较涣散、迟钝，分析和判断容易失误。这意味着"协调思维活动的各种本质因素正是同情绪相联系，保证思维活动的灵活性，重新调整、修正，避免刻板性和更替现存的定势"。

由此可见，在语文课堂的和谐教学中让和谐教学氛围与学生的学习心理和谐一致，可以发挥调节心理状态的功能，让学生达到理想的学习状态，既能激发学习积极性，又能优化学生认知的过程，使他们的反应更加敏捷、思维更加活跃。学习心理在良好的氛围下才会被激活并调动起来，使语文课堂真正成为开发智能、锻炼技能的场所。

课堂教学是一个运动过程，一堂课是一个大周期，这个大周期又可分成多个阶段，每一阶段又是一个小周期，因教育者产生的外力作用是不同的，每一个小周期的长度与强度也是不一样的，就像起伏的山峰一样，高低错落、大小不一，形成了鲜明的节奏。一节优质的语文课会给人带来美的享受。教师对于教学内容的设计简繁得当；教学秩序组织动静结合；教学气氛有张有弛，缓急有致。课堂有整齐、和谐的韵律，有强烈、鲜明的节奏。和谐的教学节奏将影响教学效果的各种因素统摄起来，形成了和谐共振，通过组合达到最佳效果。

学生的身心发展是由低级向高级的周期性过程，课堂教学的节奏是根据学生身心发展的规律，有组织、有计划、有目的地对其施加影响，使其朝着期望的目标发展。英国教育家、哲学家怀海特最早提出了"人的发展的节奏性"的概念。他认为，人的精神生活是许多线条构成的网络，这些线条长短不一样。心智的发展包含着周期交织性的节奏，这一节奏由性质相同的一个更大的周期控制。所以，从语文教学内容的特点以及学生发展的特点出发，语文课堂和谐教学注重教学的节奏与学生发展规律之间的和谐。要使这二者和谐，就要处理好下列两组对应的关系：

（1）教育节奏与学生心理结构之间要和谐。学生在课堂中的心理结构是非常复杂的一个系统，通过分析得知，与课堂教学的节奏存在密切联系的主要因素有两个：注意规律与记忆规律。课堂上，学生的注意力会转移，不同阶段的特点是不同的。因此，教师应把握好一节课的初始阶段、课中阶段、临近下课阶段的节奏，遵循最佳时间最佳使用的原则，让学生在注意力最集中的时间段学习难点内容。

在记忆力上，依据记忆规律，教师在设计教学内容的时候应充分考虑学生短时记忆的容量及对信息的处理能力。在开始传输信息时，要注意吸引学生的注意，信息传输快要结束时要稍作停顿，给学生留出复述的时间，这样能有效巩固记忆，教师传输知识的过程和学生接受知识的过程才会和谐。

（2）教学节奏和学生的思维能力和谐。教学节奏应把握得当。教学节奏明快，会使课堂上学生的精神始终处于振奋状态；若节奏过于缓慢，思维活动的频率太小，学生的注意力会逐渐分散；如果教学节奏与学生的思维水平不适应，会抑制学生的学习动机与激情，使学生对待学习的态度消极。教学中老师应行止有度，才能保证教学节奏与学生特征相符。

教学有三层含义：①强调教学活动具有双向性特征；②教师的教法和学生的学法相互联系、相互作用；③强调教学活动的模式与规定性。教学方法并不是单指教学工具或教学手段，而是工具与手段的具体运用情况；教学方法不是一成不变的，而是不断发展、变化的。

教学方法是教学过程的一个重要组成部分，是构成教学系统的一个基本要素。在教学实践中，采用合理的教学方法可以使教学活动更加顺利地进行，也能顺利完成教学任务与目标，若教学方法不合理，将会大大影响教师教学的效果，对师生双方和谐共振产生不利影响。教学方法是教学的一种外在形式，它受教学内容的制约，是为教学内容提供服务的。只有这样，教学方法才能发挥纽带作用，产生应有的价值。而和谐语文课堂更加注重形式、内容之间的统一，保证教学方法与教学内容、教学对象、教学过程是一致的、和谐的。

1. 教学方法要有针对性

语文教学内容具有复杂性和综合性特征，它是由学科知识、阅读教学和写作教学等系统共同构成的。语文知识系统可进一步细致地分解成语言知识、文学知识、文化常识等。语言知识包括语音、文字、词汇、修辞、语法、标点符号等多个子要素，语法又分为短语、单句与复句等。以上这些语文学科中相对独立又互相联系的知识都有各自的特点、功能，运用范围也不相同。因此，教师在进行教学时，必须结合知识的特点来选择最合适的教学方法，使教学方法的运用具有明显的针对性。这样才能保证教学的预期效果、完成教学目标。

2. 针对教学对象灵活选择教学方法

就算是同一知识点，由于学生的接受水平、理解能力有一定的差异，导致一种教学方法在实际应用中存在多种情况。巴班斯基说："在采用一定的教学方法时，十分重要的是考虑学生的能力，诸如他们用探索法学习的水平，用演绎法掌握教材的水平，独立从事实践活动的水平……根据这些情况，才能把教学过程中的组织、刺激和检查等教学方法结合起来。"

此外，还要注重教学方法和实际教学过程之间的协同性。语文教学方法的应用是随着教学活动动态变化的，受教学时间、空间以及实际过程的影响。从时空维度来看，要实现传统语文教学方法和现代语文教学方法的融合使用。从教学的过程来看，教学过程是师生为完成特定教学任务而开展的双向交流，在这一过程中，教学方法将师生的活动联系起来，使教学实现系统耦合。如果教学方法不能同时被师生双方认可和接受，语文教学很可能会流于形式，课堂会枯燥、无聊，师生难以实现有效互动；如果教学过程不合理，即使教学方法再合适，也无法在课堂上真正发挥实际作用。合适的教学方法，紧凑、合理的教学过程是相互促进、互相成就的，二者必须同时具备，缺一不可。

第五章　小学语文和谐课堂教学的构建

第一节　培养和谐课堂教学的意识

构建和谐课堂是进行和谐教学的前提。人的行动是以思想意识为基础的，先形成意识，然后才能在意识的指导开展行动。教师与学生是课堂教学中的两大基本要素，构建和谐课堂教学需要教师和全体学生共同努力。因此，要让教师、学生对和谐理念有充分了解，促进双方和谐意识的形成，认识建立和谐课堂教学必要性，从而为和谐课堂教学做好坚实、可靠的思想奠基。

一、明确构建小学语文和谐课堂具有的意义与价值

在小学阶段，教师在构建和谐课堂的教学中具有主要作用，教师必须主动培养自身的和谐教学意识，深入研究教学活动。但是，通过分析当今的小学语文课堂教学的情况，我们发现，很多教师研究教学的最终目的是如何在有限的课堂时间内完成预设的任务，忽视了对于学生学习情况的研究与分析。整节课的大部分时间主要是教师讲解、学生边听边记，教师将自己定位为课堂主体，而学生是知识的接受者，是客体。表面上看教学活动非常和谐，其实教师完全没有理解和谐课堂的真正内涵，根本无法真正落实和谐课堂的构建任务。

在学生的认知中，教师在教学中的目标与计划都是针对他们制订的，教师的职责就是完成具体的教学任务，学生对自己在课堂中的主体地位没有正

确的认知，自然也不明白和谐课堂教学的重要性。

和谐课堂教学指的是按照学生的认知特点及身心发展基本规律，对课堂教学的各种要素之间的关系进行有效调控，使之在协调、配合中实现统一，让教学节奏与学生发展节奏相符，"教""学"达到和谐，从而保证课堂上的教学质量，为学生减轻负担，同时又能使其得到全面发展。和谐教学的终极目标是促进学生充分、全面而和谐的发展，并不只是让学生单纯掌握学科知识、形成语文基础来应付考试。当前，社会需全面发展的人才，只有和谐课堂的教学方式才能有效促进学生实现全面健康发展，一步步成长为符合社会需要的全面型人才。相反，如果课堂教学不和谐，只会对学生的成长产生不利影响，成为学生健康发展的阻力。

因此，教师首先要对谐课堂教学具有的现实意义、实际价值及深远影响形成全面认知，明白自身在和谐课堂教学当中所处的位置、扮演的角色、肩负的使命，自觉为谐课堂教学的构建贡献力量。

二、增强学生的主体意识，使其形成自我和谐发展的观念

主体意识是个体针对自身主体能力、主体地位以及主体价值而形成的一种觉悟，是主体发挥能动性、自主性、创造性的表现。一旦学生的主体意识被唤醒，就会在自身发展中发挥决定作用，这是学生实现身心自由，达到充分发展目标的一个开端。学生自身主体意识的强弱，对其身心发展的自主、自检、自知和努力的程度产生决定性的影响。主体意识强的学生会在自身的发展过程中表现出很高的参与性。因此，教师在平时的教学中要注重增强学生的主体意识，让学生自觉、积极地促进自身的发展，提高对于身心发展自知、自主、自检的程度。

同时，教师、学生都要针对自身树立和谐发展观念。教师在课堂上的一言一行都对学生有直接影响。只有教师实现了和谐发展，才能有效培养和谐、全面发展的学生。教师要不断提高自身素养与专业水平，成为一个学习型的教师，在自我学习与反思中学会分享、懂得宽容、会选择教学方法、善于合作、敢于创新，努力让自身发展达到和谐。学校要加大宣传构建和谐社会、和谐课堂教学的力度，而学生要为和谐社会的构建贡献力量，为和谐课堂教学的

实现不断努力，树立和谐发展观念，使和谐发展成为一种内在的需要、动力与目标，严格要求自己，一步步达到谐发展的理想状态。

第二节　建立和谐的课堂人际关系

课堂人际关系指课堂上学生与学生之间以及师生在情感、信息的交流过程中形成的相对稳定的关系，主要有两类：垂直的人际关系，主要是师生关系；水平的人际关系，通常是同学之间的关系。和谐的课堂人际关系为学生身心和谐发展提供前提，而充满矛盾冲突的课堂则会让师生感到焦虑，甚至会对学生的身心成长产生不利影响。因此，要想让学生的身心得到良好发展，必须保证课堂上人际关系的和谐。

一、建立和谐的师生关系

师生关系和谐是促进学生情感发展、培养社会交际能力的一项基础，也是教学活动、教育任务得以顺利完成的基本前提，是实现素质教育的关键。和谐师生关系是教育当中一种最具生命力的力量，有利于形成和谐、轻松、民主的教学环境。师生相互尊重、充满信任，教师在教学中也会心情舒畅，学生学习时也会保持愉快的心情，有利于师生、生生在课堂上进行顺畅地交流、合作。师生能够真诚相待，彼此都能敞开心扉，相互表示出体谅与包容，在知识和情感方面都能实现有效交流，学习中可以成为合作伙伴。师生关系友好、和谐，可以让学生之间学会互相尊重，养成自尊、自信、诚实、善良等一系列的优良品质。要建立和谐的师生关系，要求教师要具备高尚的品德、良好的修养，举止文明，这些都会对学生产生潜移默化的影响，促进学生形成良好的行为与品质。

要在课堂中建立和谐师生关系，教师首先需要完成角色转换，树立起民主、平等的师生观。教师要从以往的知识灌输者变为学习活动中的引导者，不再将自己视为课堂的主宰，而是要积极与学生进行平等交流，从单向传授知识转变为互动合作，从单一的经验传输者转变成教学创新者。其次，学生也需要转变观念，对于师生关系形成正确的观念。学生不能再将教师当作课堂中具有绝对权威的人，在尊重教师的同时更要与同学建立良好的关系。就教师而言，必须公正对待班级中的每一个学生，对全体学生负责，绝对不能对学生冷嘲热讽。教师要让每一个学生都得到理解、尊重、宽容与关怀，将课堂作为师生进行平等对话与沟通的平台。最后，教师要提高课堂应变能力。师生是课堂中教与学的主角，二者之间常常存在一些不可避免的矛盾。小学生的心智发展不成熟，因而教师要有一定的能力灵活应对课堂中的各种对立与矛盾，能够敏锐地察觉课堂中的不和谐因素，及时进行处理，积极协调学生个体之间和学习小组之间的关系。

此外，教师还要掌握与学生合作的技巧。一方面，师生间的合作是民主、平等的师生关系的直接体现，学生与教师都是教学活动中的直接参与者，学生不再处于被动地位始终被动地接受知识。另一方面，师生的合作也是有效培养学生的合作能力与创造能力的有利因素，是教学相长的一个有效途径。在和学生合作的时候，最重要的是教师要给予学生充分的信任感，相信学生的能力。另外，要营造民主氛围，让每个人都敢于表达，并能听取别人的意见。此外，还要主动进行沟通，使师生能够理解对方的立场与看法，通过有效合作达成共识，共同实施活动方案。

二、建立和谐的同学关系

关于构建和谐课堂的人际关系，大多数人都将和谐师生关系构建作为重点，而和谐的同学关系的建立受到重视的程度不够。在学生的成长过程中有各种影响因素，同龄人的影响极其重要。同学关系的质量对学生的学业成绩和身心健康产生深刻影响，和谐、融洽的人际关系在学生的学习与成长方面常常发挥巨大的推动作用，有助于学生锻炼社交能力。反之，相互疏远和对立的同学关系只会成为强大的约束力，严重地阻碍着学生的学业进步和身心健康。因此，和谐课堂教学必须要建立和谐的同学关系。在课堂教学中，可以从以下三个方面来建立和谐的同学关系：

（1）教师要帮助学生克服自卑或自大的心理。有的学生由于家庭环境不好或学习成绩较差，从而产生一种自卑心理，很少与人交往，退缩在群体之外。这类学生常常感到不安与烦躁，容易与他人对立，甚至产生敌意和对抗。而有的学生仗着自己家庭背景好或学习成绩优异等方面的优势，骄傲自大，鄙视那些某方面不如自己的同学，将他们排斥在自己的交际圈之外。这对学生心理的健康发展和交往能力的培养都是极为不利的。教师应该密切关注学生之间的交往情况，帮助自卑的学生逐渐树立信心，多为学生提供自我表现的机会，让他们都能发现各自的闪光点，虚心学习对方的优点，从而协调同学关系。

（2）提倡合作学习和良性竞争。合作即双赢，同学之间通过交流与合作，能够取长补短，共同发展。在合作学习中，学生要尊重彼此的学习方式，彼此认同，既要充分发表自己的意见，也要耐心听取别人的意见，生生团结互助，以此营造良好的学习氛围，形成和谐的人际关系。在课堂教学中，教师在引导学生之间进行友好合作时，还要鼓励学生进行良性竞争。有竞争才有动力，有竞争才会前进。课堂上的良性竞争能增强学生学习的兴趣，提高学习效率，使同学之间的关系更融洽、更和谐。

（3）倡导学生互评，并为学生互评创造机会。学生互相评价是课堂教学评价的一种有效补充，是学生之间交往的一种表现形式。教师要通过小组合作的活动形式，让学生互相评价，也可以拟定评价表格来明确学生互评的具体操作方式，让学生在互相评价的过程中增进对彼此的认识与了解，协调同学关系。

第三节　创设和谐的课堂教学环境

法国教育家曾说："只有环境和教育，才能把牛顿变成科学家，把荷马变成诗人，把拉斐尔变成画家。"人生活在特定的环境当中，既受环境影响，又要适应环境，还要通过自身的力量去控制、改造环境，实现让环境服务于人的目的。课堂教学也是这样，只有不断适应、了解、改造教学的环境，使课堂教学的环境为教学工作提供服务，这样才能让教学取得理想效果，学生才能自由、和谐发展。课堂教学是教育情境中的人与环境互动形成的系统。因此，和谐课堂教学环境分为物理环境、心理环境两大部分。

一、为和谐课堂教学创设良好的物理环境

物理环境是教学的基本保证，和谐课堂教学的物理环境良好，有利于维系课堂秩序，对于和谐心理环境的形成也是有利的，可以实现教与学协同共进。为保证课堂教学的环境，首先需要有良好校园环境。通常会选择交通方便、风景秀丽、没有噪音、空气清新的地方作为小学的校址。学生在教室中完成接受教育的活动，教室环境直接影响课堂教学活动的质量。教室环境布置合理，空间设置得当、整体干净明亮，会让学生产生积极、放松的情绪，全身心投入学习活动，会对学生的学习态度、学习行为的产生显著的促进作用，提升课堂上的教学效率。

因此，教学要以"和谐"为原则来合理规划和设计教室的布局。教室的墙面最好为白色、淡绿色或淡蓝色，这样教室在视觉上是素净淡雅的，师生置身其中会有开阔的心境。教室两侧墙壁可挂格言警句、名人画像、奖状、流动红旗、地图等，体现教育性、思想性和艺术性，给师生以启迪的同时又不失美感。教室内要保证通风良好，桌椅摆放整齐，窗帘干净素雅，灯光明亮，使教室内的整体氛围协调一致，让人置身其中能人产生愉悦的心情，这样才能提高学习的效率，实现教学环境的育人功能。和谐课堂教学中，师生要有效互动。教师应从教学需要以及学生的特点出发，利用多种座位排列方式，合理安排学生的座位，前提是便于师生互动和信息交流，能实现多方面的互动。为和谐课堂的教学打造理想的物理环境，还要加大教育方面的投入，使办学条件得到有效改善，保证教学所需的各种设备与设施齐全，包括多媒体、投影设备、音箱等。教师要熟练使用所有的教学设备，并能合理利用，发挥设备在教学中的作用，激发学生的兴趣，有效提高学习效率。

二、为和谐课堂教学创设良好的心理环境

课堂教学的心理环境指课堂教学中对学生认知的效率有影响的师生互动的心理环境。虽然它不直接参与教学的所有活动，但是在很大程度上对课堂教学的效果有制约作用。它既能使课堂成为学生心中向往的殿堂，也有可能

让课堂变成学生从心底排斥的地方。心里环境直接影响教师教学水平的发挥，影响教学的最终效果，不管采取哪种教学方法、应用哪种教学模式，均要以和谐的课堂教学心理环境为保障。所以说，为和谐课堂创设心理环境是和谐课堂教学实现全面构建的主要工作。

教学心理环境是各种因素共同形成的心理场，教师具备良好心理素质，这是为课堂创设良好心理环境一个首要的条件，教师要帮助学生塑造健康心态，首先需要保证自身的心理是健康的。教师在进行教学时要保证心情是愉快的、情绪是稳定的，要善于控制和调整自身情绪，绝对不能将不良情绪带至教学活动中。教师要有一定教学机智，有能力迅速、果断、恰当地处理课堂中的各类突发状况。对当前我国小学语文的课堂教学进行分析之后，我们可以发现，当前教师仍具有主导性，教师依然被视为权威，在教学中大包大揽，甚至还有教师对学生进行体罚与侮辱。学生长期处于这种恐惧、紧张、压抑的心理状态之下，很难彰显自己的个性，创造力得不到发挥，更谈不上身心和谐发展了。

实践证明，积极、和谐、愉快、轻松的心理环境可以使学生的大脑皮层产生兴奋。在这种环境中，学生的思维敏捷、思路开阔，富有想象力，学习的效率自然高。鉴于此，教师要通过有效方法创设和谐、宽松的课堂氛围，让学生形成良好的心理状态，要习惯"一个课堂，多种声音"，对学生采用的不同学习方式表示尊重，平等对待每一个学生，要善用激励性的言语，对学生的缺点、错误宽容，以发展的眼光看待每一位学生，让学生能自由地彰显自己的个性。此外，课堂心理氛围构建需要结合教学内容，而选择教学内容要充分贴合学生的实际需要和发展特征，注重创新性，唤醒学生的热情，让学生以良好的心态投入学习。

三、使课堂内部外部环境之间的关系协调

学校教育采用的主要形式就是课堂教学，课堂是学生发展身心的主要环境。但是，在个人的成长过程中，除了课堂教学，家庭的教育、学校内各类社团活动、各种社会实践等课堂外部环境都对课堂教学有直接或者间接影响。它们和课堂教学存在密切联系，通过各种途径和方式对教学产生不同程度的

影响。若课外环境同课堂教学具有一致性，会对课堂教学产生正面作用；若课堂内的环境和课外的环境冲突或者不一致，则会对构建和谐课堂教学带来负面影响。因此，要使学生全面、充分、和谐发展，必须协调好课内环境、课外环境之间的关系，使学校、家庭和社会共同为学生发展助力，充分发挥各自具有的教育功能，让课堂内外的环境协调起来，形成一股强大的合力，共同发挥对学生的教育、引导作用。

第四节　建立和谐的"教"与"学"关系

"教"与"学"和谐是和谐课堂教学当中的核心与基础。然而，通过对当下的课堂教学进行分析我们发现，因教与学间的不和谐而产生教学分离、甚至冲突的现象，具体表现形式可分为两类：有"教"无"学"、有"学"无"教"。"有教无学"是指在课堂的教学活动中，教师在上面讲课，而学生在下面开小差，对于教师讲的内容完全不感兴趣，教师的教学内容和教学方法完全不能有效吸引学生。"有学无教"是指课堂教学中，学生完全不按照教师引导的思路、设计的环节进行学习活动，而是按自己的计划进行学习，甚至在语文课上学习别的科目或做别的作业。

导致"有教无学"与"有学无教"的现象出现的原因有很多种，有教师层面的因素，也有来自学生方面的原因。主要的原因有：教师教学的观念陈旧，教师专业化程度和综合素质不高，师生间缺乏沟通，教师对于教学方法，教学手段的选择不当，在选择教学内容时没有考虑学生的兴趣；学生自我意识在不断地强化，学生的学习动机不足、学习情绪低迷等。教学中，有教无学和有学无教的现象导致"教"和"学"的活动不能产生和谐的效果，教学节奏与学生发展节奏不相符，课堂上的教学质量无法提高，学生也无法得到全面的和谐发展。因此，笔者针怎样建立和谐的教与学关系给出了几项建议。

一、正确地处理"教"与"学"的关系

"教"与"学"的关系是对立统一的，二者通过矛盾运动，推动教学活

动有序开展。在教学中，教与学既相互依存，又相互制约，二者互相渗透、相互转化、相互包含。"学"需要"教"来启动，而"教"受"学"制约。"教"为"学"的顺利开展提供依据，而"学"是"教"的目的与结果。教师的"教"是外在动因，学生的"学"是内在的动因，而外因只有在内因的作用下才能发挥动力作用。处理好教师具有的主导作用与学生具有的主体地位之间的关系，这是实现"教""学"和谐的关键。

在教学中，学生作为"学"的主体，其自身的积极性与主动性是实现有效学习的关键，有效地激发学生在学习中的热情，使学生对学习产生兴趣，引导学生积极参与各个环节，是课堂教学当中非常关键的问题。教师是教的主体，居于主导性的位置，按照教学规律来组织各种教学活动，引导和启迪学生，促进学生获得知识、技能、价值观以及情感、品德等方面的综合发展。

教师"教"的目的是促进学生"学"。在课堂中要实现教师的主导作用与学生主体地位的统一。只有当教师能够有效地发挥自身的主导作用，才有可能充分地调动起学生在学习当中的主动性，进而积极思考、主动提问。而让学生充分发挥主体性，也是有效发挥教师主导作用的一个重要标志。

和谐课堂教学明确要求要坚持以学习为本，即要确立学生的主体地位。教师是学生学习活动的合作者、组织者与引导者，学生的学不能离开教师的教，学生的主体性地位需要在教师的引导之下一步步确立。教师进行引导的出发点是促进"学"，教学追求的结果由"学"最终体现。教师主导的目的应从促进学生都能发挥自身具有的主体作用。

二、使"教"与"学"在多个方面实现统一

"教"与"学"的活动涉及很多方面，笔者针对其中的几个主要方面进行了简要分析。

目标通常是指人们从事某项活动预期要达到的结果。目标可激发学生学习的兴趣，使行为动机得到端正，是要求学生达到的目的或结果。而教学目标是指教学活动预期想要达到的结果。教学目标作为教学活动的出发点与落

脚点，对于教学活动具有指导、激励作用。在课堂教学中，教师要将教学目标和学生的学习目标进行有机统一，让师生的心理追求一致，相互激励，为了共同的目标努力奋斗。新课标还提出了三维教学目标，即知识与技能、过程与方法、情感态度与价值观。广大教师要努力把这一系列教学目标转化为班级中学生学习的目标，使学生明确三维目标的具体内涵及深层意义，这样有助于学生自控和自验，增强其内在的学习动力，对于落实教学任务、完成教学目标是十分有益的。

　　课堂上，教师、学生在思维活动方面接近同步，教学就会收到比较理想的效果。教师应对班级当中全体学生的认知水平有一个全面的了解，并学会从学生的角度分析问题，从学生的思维特点出发来设置问题。教师大都通过有效创设问题情境来激发学生的探索欲与求知欲。创设的问题要具体、新颖、有趣味、有启发性，难度适当。让学生开动脑筋，反复思考和推敲，直到得出最终结论。这个过程使教师与学生的思维活动产生了直接联系，经教师及时、适当地启发，师生按照同一方向思考问题，"教"的过程与"学"的过程呈现出一致性，这也能体现学生的主体性，并顺利完成教学任务、实现预期的目标。

　　"教"与"学"是教学中的两大构成因素，二者需要实现协调。因此，教法和学法在本源上是一致的，是同一问题的两个角度，教法是将"教"作为研究重点，而学法是从如何学的角度展开探索。教法本身包含学法，其中具有对学法的指导。教师如果了解学习的规律与影响学习的因素，再以此指导学生学习，就会在实践中发现很多有效教法。学习是学生开展的认知活动，只有采用符合自己知识水平与学习规律的方法去学习，才会有效促进自身的知识与智能发展。当学生掌握了合适自己的学习方法后，才能实现有效认知，让自己的成长与发展更加顺畅。因此，教师在教学时要秉承"以学定教"的观念。教法绝对不能脱离学法，要主动让教法适应学法，根据学法确定具体教法。

三、速读实践分析

由我国教育部所制定的《义务教育语文课程标准》当中规定，中小学阶段的学生九年的课外阅读总量应不低于 400 万字，其中，一、二年级要达到 5 万字，三、四年级需要达到 40 万字，五、六年级应达到 100 万字，七至九年级应不低于 260 万字。对小学阶段高年级的学生来说，阅读现代文时，应当将速度控制在每分钟 300 字以上，学生每学年要阅读两至三部名著，对于一般的现代文，阅读速度需保证每分钟在 500 字以上。但实际上仅有 5% 的学生能达到这一要求。这表明当前学生的学习方法无法满足新课标提出的学习要求。

近几年，部编版的语文教材针对学生有效提高阅读速度提出了很多建议，但由于教师没有系统化的阅读教学方法，且重视度不够，使得学生阅读的速度仍旧较慢，难以达到目标阅读量。"部编版"教材的总主编温儒敏曾发出惊人的言论："语文高考最后要让 15% 的人做不完卷！" 2019 年，高考语文全国卷卷面的字数超过了 1 万字，而命题材料的范围拓展到经济、科技、哲学、时政、历史等多个方面，这要求学生的阅读速度与阅读品质必须不断提升。阅读速度与阅读量、阅读质量有直接关系，所以掌握速读的技巧有着极为重要的实际意义。

我国很早以前就出现了"速读"，东汉时期的张衡有"一览便知"的能力，柳传志、高尔基、爱迪生等都能进行快速阅读。美国超过 80% 的学校均开设了速读课程，欧洲将《快速阅读课本》作为教科书在全国发行，日本的快速阅读已成为一种潮流。但是，我国的教育领域关于速读的研究与实践相对于教育发达的国家而言起步较晚。

传统阅读是点式阅读，目光要扫描在每个字，在阅读的过程中，目光会在每个字上大约停留 1/10 ～ 3/10 秒，目光在字体间移动所需的时间仅占

5%，要完成阅读理解的过程，需要视觉、语言、听觉三方面共同作用。这其实是自己读给自己听的阅读过程，是在"读书"，而不是"看书"。

传统形式的阅读程序为：信息→眼睛→视觉→大脑指挥发音→调动运动神经→语言中心→听觉中心→大脑理解文意。

快速阅读将点式阅读变成线式阅读，即以整行的文字为基本单位来阅读。使目光不再停留在单个字体上，而是浏览整行的文字，视觉中枢对文字信号的接收速度至少能提高 10 倍，与大脑的思维速度非常接近。利用快速阅读的方式进行阅读时，省略了语言中枢、听觉中枢的反映环节，单纯利用视觉看书，文字信号是直接进入大脑的记忆中枢，使学生的理解及记忆更加有效率，是真正意义上的"看书"。

快速阅读的具体程序：信息→人眼→视觉中枢进行反应→大脑理解。

"最有价值的知识是关于方法的知识。"快速阅读是将识别图像的方法运用于文字阅读中，改变了传统的阅读习惯，每个人都可以轻松掌握。下面笔者将具体的应用方法分为两个方面进行介绍。

1. 对眼睛的训练

进行速读时，应将句、行和段落当作阅读单位，阅读的字数多，因而需要对眼睛进行训练，否则在实际阅读时就会存在困难。经过一系列训练，才能为快速阅读奠定基础。训练的具体步骤为：①眼球运动方向训练。包括上下、左右、逆时针、顺时针方向转动。②关于专注力的训练。通过训练，能够杜绝"视而不见"，眼睛在停顿的一瞬间就能有效地把握住文字信息。③视点左右移动。④视点头尾快速转换训练。视点应当由每行末尾字体向下一行开头字体迅速跳动。⑤视点灵活度练习。练到眼睛流畅自如，就能为面式阅读打下良好基础。⑥视幅扩展练习。要求"眼睛看中间，余光扫两边"。以上训练每项练习 1 ~ 3 分钟就能起到不错的效果。

2. 关于无声阅读的训练

无声阅读与有声阅读是相对的，与默读相似，但二者存在很大的区别。很多默读虽然不读出声音，却在心里默念，有的还发出喉音、动嘴唇等，这会影响阅读的速度，无声阅读应当注意克服这些问题。无声阅读的过程中要做到由眼直接映射到脑，是纯粹的视觉阅读，不用将文字转为声音。掌握了无声阅读和潜读的方法，自然就掌握了快速阅读法。

何为"潜读"？下面主要分析几种主要的潜读情况：①唇动：嘴唇轻微地动，并发出非常微弱的声音，人耳并不能听到这种声音。②舌动：通常这种情况不容易察觉，一般闭合嘴的时候舌头为静止状态。开始阅读时，虽然舌头也处于静止状态，但舌头底下的一块肌肉却在急速颤动，与喉部的声带共同参与读书。③喉动：通常是与舌底肌一同参与的，喉动发出的声音非常微弱，通过扩音器才能勉强听到。

要纠正上述不易被人发现，甚至自己都很难注意到的潜读行为，具体方法包括：①喉部肌肉应保证全部为放松的状态。②嘴唇闭合并在嘴里含一颗糖果，避免舌下肌肉在阅读中下意识参与。当肌肉颤动的动作消失后，可取出糖果。③要克服喉动，就要在阅读时保持正确姿势。同时，还要掌握腹式呼吸法。进行快速阅读，注意力往往高度集中，身体器官需要放松。

为使读书的效率更高，无声阅读时中应注意下列几点：①读书要有明确的目的；②从感兴趣的章节开始读；③对于一些重点内容，应当夹纸条，或者用笔进行标记；④训练默读；⑤多读推理小说。

检测无声阅读的方法非常简单，若 10 分钟可阅读的信息内容总字数超过 2500，就是在无声阅读，若不足 2500 字，虽然阅读的时候没有发出声音，但仍在进行潜阅读，这会影响阅读的速度。所以学生要检查自己是否存在前阅读，如果存在就要想办法克服。在快速阅读的时候，其他的无关动作都需要想办法消除。这样是为了集中注意力，保证不影响快速阅读的速度。经过一定时间训练，有声阅读和无声潜读就会完全消除，无声阅读的速度就能快速提高。

大量的经验证明，速读能力和其他的技能一样，只有经常训练，才能有效提高，训练得当，就能快速提高。阅读活动中投入最多的成本就是时间，而快速阅读的价值在于节约时间、大大提高效率。

第五节 建立和谐的课堂教学评价体系

对课堂教学质量进行综合评定，需要通过课堂教学评价来完成，评价是依据教学目标进行的，需要对教师的教学设计、课堂中的教学过程、教学的效果做出价值判断，为教师的教学工作提供反馈，教师依据评价反馈来优化自身的教学工作，保证教学目标得以实现。

随着素质教育与课程改革在全国范围深入开展，传统的教学评价暴露出了很多弊端：①教师仅仅注重知识方面的教学目标，忽视了学生综合能力的培养；②只重视教师在课堂上的教学表现，忽视了学生具体的学习行为与表现；③情境教学设计当中的统一性、灵活性明显不足；④对于量化的评价方法过于依赖，忽视了质性评价方法。鉴于以上问题，课程改革提出，要改变评价中强调甄别、选拔等的功能，使评价发挥促进学生的发展、教师素质与能力的提高、教学实践的改进等方面的功能，建立起能够促进学生全面发展、引导教师不断实现提升的评价体系。和谐的课堂教学要以和谐课堂教学的评价为依托，评价中应该体现出新课程的相关理念，构建发展性的教学评价，以促进师生之间、生生之间达到和谐的状态，促进全体学生得到发展，促使教师实现提高。

一、建立有效的课堂评价体系

针对和谐课堂教学建立起评价体系并非易事，其中涉及的问题非常复杂。评价体系的建立需要从多个方面进行综合考量。

传统教学评价将注意力放在教师的表现上，公开课就是教师的个人表演，评价只关注教师的表现，不注意学生的主体性，也不注重学生的课堂表现。而和谐课堂教学强调要突出学生具有的主体性，提高学生的课堂参与度。因此，评价体系的确定主要维度包括教学过程、学生和教师，三者要放在同等重要的位置。

一级指标是整个教学评价的基本框架，可从教学的目标、实施过程、采用的方法、利用的教学媒体、课堂氛围、教师综合素质等几个方面来构建和谐课堂教学的评价体系整体框架。要对教师做全面的评价，既要评价教师在课堂中教学的具体表现，又要评价教师的业务能力、专业水平、人格魅力、职业道德等。

二级指标是对一级指标的进一步细化，是整个课堂教学评价体系当中的重点内容。需要按照新课程理念当中的指导思想，遵循语文学科教学的基本规律，综合考虑各种相关因素。描述评价标准的语言要简介、明了，具有可操作性。

二、建立学生和谐发展的评价体系

《基础教育课程改革纲要》指出："要建立促进学生全面发展的评价体系。评价不仅要关注学生的学业成绩，而且要发现和发展学生多方面的潜能，了解学生的发展需求，帮助学生认识自我、建立自信。发挥评价的教育功能，促进学生在原有水平上的发展。"针对和谐课堂的教学评价应体现新课程的教学理念，建立起有利于学生和谐发展的教学评价指标体系。笔者针对怎样建立谈些看法。

新课程要求教学评价的目标要多元化。对学生进行评价，其目标应该是多元的，而非单一的，应具有以下功能：①反映学生在学习中取得的进步与成就，以激励学生更加努力；②找出学生存在的各种问题，帮助教师及时调整、改善教学的过程；③从整体上掌握学生的学习过程，使学生在学习中发挥主动性；④使学生对学习形成积极的态度，帮助学生不断认识自我，逐渐形成自信心。

教学过程是师生、生生互动的一个多主体参与的过程。因此，评价时应改变当前教师对学生实行单一评价的情况，学生也应参与评价。可以组织学生自评、互评，这是保证评价主体多元有效方法。让学生参与评价和评价结果分析，是为了让学生在自我评价中对自身的情况形成明确认知，不断进行自我反思，纠正自身的缺点，使自身获得良好发展。同时，学生自评和互评也是一种非常有效的学习方法，它源于建构主义学习理论，体现了学生的主体性。

传统教学评价主要限于学生的学习成绩，和谐课堂教学评价要求以多维视角的评价内容综合衡量学生的发展状况。不仅关注学生的学业成绩，考察"认识"或"概念"等认知的层面，也要关注行为层面、情意层面、能力层面、心理层面的评价与考察。尊重学生个体的差异，对于学生的独特之处要表示认可，给予积极的评价，发现并发展学生的潜能，了解学生的发展需求，帮助学生全面认识自己、接纳自己、树立自信。

应针各学段学生的不同特点及具体教学内容，选择合适的评价方法。针对学生掌握知识、技能的情况，应采用量化评价与质性评价结合的方式，对情感、态度的评价则主要依据教学中学生的参与度、投入程度等进行考查。应根据评价的目的、对象、性质等，选择相应的方法，要重视并采用行为观察、情景测验、成长记录档案袋等质性评价的方法，还应将诊断性的评价、形成性的评价与总结性的评价结合起来。

只有综合使用这些评价方法，才能准确、公正地评价一个学生，保证评价结果的信度和效度。

第六章　汉语拼音与识字写字教学

第一节　汉语拼音教学

一、汉语拼音教学的意义

　　文字包括两类：表音的与表意的。通常表音文字根据字形就可以明确具体的读音，英文就属于表音文字。而表意文字的字形通常反映字意，并不能根据字形来确定出音。汉字大多都是表意字。语文学习中掌握了拼音，就可以根据拼音正确读出字的读音，在阅读注音版读物时还可以借助拼音来认字。

　　语言是人类进行思想交流的工具。我国的地域面积较广，各地方言差异明显。不同区域的人只有通过普通话进行交流才能克服语言障碍，实现顺畅交流。学校肩负着推广普通话的社会责任与教育任务。让学生学习普通话，进而促进汉语的规范化是语文学科一项非常重要的任务，普通话教学主要在语文课上进行。方言与普通话之间的差异主要体现在语音上，因此语音是学习普通话的重点。学生熟练掌握了拼音，就可以利用它纠正方言或土语，读准音调，保证语音正确，能够更快、更好地学习普通话。小学语文的教学大纲明确提出，汉语拼音的功能是帮助识字、帮助阅读以及学习普通话。进入小学阶段，学生既要认真学习汉字，又要熟练掌握拼音字母。这对于小学生来说难度偏大，学习负担过重。尤其是利用汉语拼音帮助阅读，学生要掌握音节，而这对广大的小学生特别是少数民族地区与方言区的学生来说存在很大困难。

二、汉语拼音教学的目标

在《语文新课程标准》当中，关于汉语拼音教学有明确的目标，包括：掌握汉语拼音；读准声母、韵母、声调以及整体认读音节；准确拼读音节，可以正确地书写声母、韵母与音节；能够认识大写的字母，熟练背诵、识记《汉语拼音字母表》。教师不仅要教会学生正确拼读汉语拼音的各项要素，还要引导其正确书写，并能够让学生借助汉语拼音拼读汉字。

三、汉语拼音教学的内容

汉语拼音教学主要集中在小学一年级，在小学语文教材第一册（通常安排在前半部分）中，第一学期会集中地进行汉语拼音的学习，要求学生学会23个声母、24个韵母、16个整体认读音节，必须读准音，认准形；能够认读四声；掌握拼音方法，会准确拼读音节；能够正确地写声母、韵母与音节。

23 个声母：b p m f d t n l g k h j q x z c s zh ch sh r y w

24 个韵母：a o e i u ü ai ei ui ao ou iu ie üe er an en in un ün ang eng ing ong

16 个整体认读音节：zhi chi shi ri zi ci si yi wu yu ye yue yun yin yuan ying

上述内容在 4 ~ 5 周时间内完成。但需要注意，在教学时要让学生拼读音节，而非直接读出音节；要让学生书写音节，而非默写音节。明确这些要求，有利于学生按照汉语拼音的基本要求完成学习目标。另外，由于拼音教学的内容多、时间较长，这样做可以有效避免学生在课堂上感到枯燥。第三册教材要求学生通过学习掌握汉语拼音的字母表，要认识大写的字母，熟练记住《汉语拼音字母表》，并学习通过拼音顺序检字法来查字典。教师在进行汉语拼音教学时，在此部分应当把字母表与教学生用音序查字典结合起来，培养学生利用工具书自主识字的能力。

四、汉语拼音教材的特点

小学语文教学中，没有专门的汉语拼音教材，汉语拼音教学内容在小学语文教材中是与识字、写字同时出现的，主要以课文的形式展开。这里所说的汉语拼音教材就是小学语文教材中一部分以汉语拼音作为主要教学内容的课文，这些课文在编排上具有下列特点：①简化内容，使规则更简明，便于学生接受。教材把 Y、W（发音为"呀、蛙"，并非真正的辅音，《汉语拼音方案》中规定 i、u、ü 三行韵母自成音节时，分别使用 Y、W，这两个字母只起隔音作用）视为声母进行教学，直接与韵母拼在一起，这样可以不再学加、换 Y、W 相关的拼写中的规则；iou uei uen 则直接教省写式，省略了规则，自成音节时，用 Y、W 与韵母直接拼；少教 3 个单韵母 [–i(前)、–i(后)、ê]、5 个复韵母 (ia iao ua uai uo)、7 个鼻韵母 (ian iang iong uan uang ueng ü an)。②循序渐进，将难点转化为容易学习的形式，减少教学的程序。③运用形象化的插图加深学生的理解与记忆。④拼音教学与识字教学、普通话教学结合起来，共同促进学生语言能力的培养。

五、汉语拼音的教学步骤

汉语拼音课程的教学过程通常是按照下列步骤进行的：

（1）复习检查。主要对前一节课学的关键内容进行复习；复习之前学过的与本节课相关的内容。教师可通过小黑板或卡片辅助复习。

（2）新课教学。教发音是第一步：①通过图片实现新课导入。②教读字母。教师进行范读；说明发音的方法；让学生跟读、仿读。③练读新学的字母。训练面要广，训练形式多样化，训练要充分。教师应让学生自己读，以及时发现问题。教声调放在第二步：主要针对韵母，声母是不带声调的。在第一节课就要明确学习四声的更关键，让学生掌握口诀。后续学习的韵母可指导学生先尝试自己读声调。可通过具体的词让学生体会四声的读法，如：挨着、挨打、矮个子、爱国。教拼音放在第三步：教学生两拼法与三拼法。先拼读不带声调的，再拼读有声调的；先拼教材给出的音节示例，再进行音节拼写拓展。教书写是最后的环节：要向学生讲明四线格的具体名称、每个字母的笔画与笔顺、在四线格中占的位置以及书写时要注意的点。从一开始就要对学生严格要求，使学生能够养成良好的书写习惯。

（3）复习巩固：①抓重点与难点。②活动的形式应多种多样：包括找朋友、接龙、背口诀等。③指导读书。

（4）课程小结，布置作业。对本节课上所学内容进行总结，明确其中的重点部分和难点内容，对拼音的特点进行总结，分析学生学习的整体情况，还要布置适量的作业，以达到巩固学生学习成果的目的。

六、汉语拼音的教学方法

教师在教汉语拼音的过程中，采用恰当、合理的方法不仅能够激发学生的学习兴趣，还能够达到教学的理想效果。下面介绍几种常用的教学方法：

（1）示范—观察—模仿法。教师先做发音的示范，让学生认真观察教师的口形与舌位，再体会发音的方法。同时，教师可以利用发音部位图作进一步说明。这一方法是拼音教学当中最常用、最主要的方法。

（2）引导法。让学生仔细回想已经掌握的发音，利用这些发音方法学习发音方面有一定难度的声母和韵母。

（3）比较法。将两个或多个声母、韵母联系起来，比较其音、形的相同点和差异。

（4）演示法。需要教师通过手势或教具进行演示，揭示发音部位具体的动作与发音的特点，如平翘舌音、声调、前后鼻音等。

（5）夸张法。为突出字母发音特点，教师有时会有意夸张口、唇、舌部位的动作，也会有意加重声音或拖长声音，这样会给学生留下比较深的印象，使其更容易领会发音的特点。如"b、p"可以通过口形夸张变化来进行区分。

（6）分解法。利用插图引出句子，从句子中分解出词语，从词语中分解出音节，最后从音节中分解出声、韵进行教学。

（7）局限法。在让学生进行发音练习时，设法限制发音器官某一部位，保证发音正确。

（8）口诀法。教"t、f、h"可以这样说：伞把 t，拐棍 f，靠背椅子真像 h；教"z、c、s"和"zh、ch、sh"可以这样说：z、c、s 后面有椅子，将舌头翘起来 zh、ch、sh（往椅子上靠，舌头便翘）。

七、汉语拼音教学应注意的问题

汉语拼音教学在整个小学阶段具有重要作用，教师在教学时要考虑学生现阶段身心发展呈现出的特点，选择适当方法，还要注意教学内容本身的特殊性，在教学时要尽可能研究汉语拼音教学的规律。具体来说，在教学时，教师要注意下面几个问题：

（1）抓重点，攻克难点，教方法。拼音教学的重点是教字母与拼音方法。而难点是教声母、鼻韵母发音与三拼连读。此处的方法指的是发音的方法、拼音的方法。教师要结合实际情况进行教学。

（2）强化常用音节训练，使学生能熟练地拼读音节。普通话语音中的音节共有 400 多个。教师可以先教比较常用的，那些不大常用的放在后面再教，而几乎不用的也可以不教。对于常用音节拼音训练，从声母的教学开始，一般是学习单韵母之后，让学生学习声母的同时学习拼音方法。学生学习完声母，要能够拼音。由于学生需要在这个阶段打下基础，教师必须花力气、下工夫，教学生拼音方法。教复韵母和鼻韵母时，会再现拼音方法，此时教师可以继续教给学生方法，培养学生的拼音能力。一年级的第一个学期结束时，学生通常都能熟练地拼读音节。

（3）教学方式以游戏、活动为主。小学一年级的教学应与幼儿园实现幼小衔接。从学生的心理特点来看，教学应尽量具有趣味性，教学通过活动和游戏的方式进行。创设孩子们感兴趣的语境与情境。

（4）拼音教学要与识字、普通话的教学结合起来。汉语拼音作为学习汉字的基础，在教学时不能只关注拼音本身而忽视对于学生汉字学习能力和说话能力的培养。

（5）注意拼音复习与巩固。每节课结束后都要复习、巩固课堂上新学的内容，每部分的内容教完后，要做出归类并进行集中复习，包括外形近似字母比较、读音相似字母的区分与辨别。所有的拼音教材学习结束之后，教师要带领学生进行整体巩固，使学生更牢固地掌握所学内容。

第二节　识字教学

一、识字教学的意义

识字之后才可以顺利进行阅读与作文。学生没有一定量的汉字积累，是无法阅读与作文的。学生认识字，并牢固掌握字音、字形、字义，才能在此基础上理解词语和句子的意思，理解课文表达的思想与情感，顺利地阅读书报，学习科学文化知识；就能够运用字、词进行文字叙述和情感表达。因此，小学语文教学中的识字教学是非常重要的内容。

识字可促进学生思维的发展。就字形的识记来说，学生通过偏旁部首对合体字进行分析时，先从整体至部分，然后再从部分至整体，这样便于学生了解汉字结构的规律，使识字速度加快，而且有利于培养学生在分析与综合方面的能力。另外，学生掌握字义一般是由具体至抽象，由一义逐渐到多义，由理解到实际运用，这需要进行一系列的思维活动，这样能发展学生的思维能力。识字教学还能够通过教与学的活动培养学生的记忆力与观察能力。

二、识字教学的具体要求

《义务教育语文课程标准（2011 版）》从识字数量、识字质量和识字能力三个方面提出小学识字教学的要求。

在小学阶段，学生要认识 3000 个左右汉字，要会写约 2500 个汉字。这样的要求体现了"认""写"分开。要求认识的字多一些，有利于学生独立阅读；会写 2500 个左右常用汉字，也基本上能够满足小学生书面表达的需要。

新课标对识字提出了"会认"和"会写"两种不同的要求。"会认"的字音，不抄、不默、不考。要求"学会"的2500个左右的字，应达到以下要求：①看到字形就能读准字音。多音字能够据词按义定音。②能了解字在词句或短文中的意思。③能认清字形，包括字的笔画、笔顺、偏旁部首和结构形式。④在认清字形的基础上能正确、熟练地书写。

教师要通过识字教学让学生掌握识字的方法，培养其识字能力。具体来说，学生的识字能力分为三方面：①用汉语拼音准确读字音的能力。学生要达到看见音节就能准确读出字音的水平。②掌握汉字基本知识与记忆、分析字形的有效方法，能发现字形方面的难点，并能通过有效方法攻克难点，能够独立地识记字形。③掌握音序、部首检字的查字典方法，能根据读写的需要比较熟练地查字典、词典；能利用字典或结合语言环境理解字义。

三、识字教学的过程

小学语文教学大纲针对不同年段的识字提出了不同的要求。小学阶段，识字教学要体现出连续性与阶段性。

对低年级进行识字教学时，教师要通过有效的方式激发学生对于汉字的学习兴趣，使学生认识1600个左右常用汉字，同时学会写其中的800个左右，并使学生牢固掌握汉字笔画、笔顺、偏旁部首、字体结构等基本知识，还要掌握汉字书写方法；让学生学会通过音序及部首检字法来查字典。小学识字教学中的每一种训练都要扎实进行，绝对不能盲目求快。既要保证识字量，还要教给学生识字的方法，为小学生识字能力的培养奠定坚实基础。

中年级识字教学，要让学生能熟练运用两种查字典方法认识生字与新词，继续学习一定量的生字；指导学生通过所掌握的方法准确理解字义，并尝试着运用。这一阶段的教学，教师必须纠正学生的错别字，训练学生通过上下文来理解字义，进一步锻炼学生识字方面的能力。

在高年级识字教学的实践中，教师要以学生在低、中年级形成的识字能力为基础，指导学生自学生字，通过实际运用提升独立识字的能力。在此阶段的教学中，教师要重视检查学生具体的识字效果，当学生遇到不认识的字、词时，引导其多查字典、词典等工具书，养成善于使用工具书的能力，主动识字、消灭错别字。还要让学生将识字能力运用于读、写训练当中，使读、写能力有所提升。

小学阶段的识字教学，不同年段进行的训练有不同的侧重点，各学段互相联系。低年级重在打好识字基础，注重质量。中、高年级的学生在识字时，应有效利用已有识字基础，不断提升识字能力，保证学生的识字数量、质量和能力均能够达到新课标提出的要求。

小学语文教材中的识字形式是多种多样的，不同形式的识字教学，其识字过程往往有所不同。从总体上看，识字教学过程为"明确生字—教学生学习生字—复习与巩固—生字的运用"。

1. 明确教材中具体的生字

生字的提出要根据具体语言环境来完成。在学习一篇课文时，其中的生字采用何种方法提出？何时明确生字最合适？这都是教师要仔细考虑的问题。一般教师会根据整篇课文的生字个数、难易程度和学生实际的接受水平来提出。有的课文音同或形近的生字较多，就可以采用集中出示的方法来教学。这样可以比较生字在读音、字形或字义上的异同，便于学生牢固地掌握。有的课文中生字的意思与课文插图内容有密切联系，就可以采用看图分散出示的方法，使学生通过图画的具体形象来理解词义，增强对生字音、形、义的记忆。有的课文生字很多，而且有一部分生字的意思难以理解，就可以采取集中一部分、分散一部分出示的方法来教学。教师提出生字的方法，要避免刻板的程式。为了调动学生识字的积极性、主动性，还可启发学生自己来提出生字。

2. 生字教学

教学生字应将字的音、形、义相结合。需要明确的是，三方面结合并不代表在教学中对三方面均衡发力、面面俱到。不同年级、不同生字应有不同侧重点。对刚入学的学生来说，一般应突出字形的教学。因为儿童口语的发展先于书面语言，他们在入学之前，已经会说很多话了，已经掌握不少字、词的音和义，但不认识字形。汉字字形复杂多样，准确地记住字的字形，音、形、义三者的统一联系就基本上建立起来了。随着年级的升高，需要掌握的字、词越来越多，字义比较抽象难懂的也越来越多，就应当突出字义的教学。此外，对每个字还要具体分析。有些字的读音和儿童的口语有差别，学生不易读准，就要注意指导读准字音；有的字字义较抽象，离学生的生活较远，就应侧重字义的教学。

3. 复习巩固

小学生识字，学得快，忘得也快。为了让学生对生字、新词的掌握更加牢固，必须及时进行复习巩固。当然，复习巩固所用的方法要灵活多样，如果只让学生读读字卡、读出字音就算过去，学生对字形、字义印象不深，日后就容易遗忘，或出现错别字。也不能一味地把机械重复地抄写、默写作为复习巩固的方式。识字复习与巩固，要避免割裂音、形、义，要根据汉字特点，对字进行比较、分析与综合，通过对生字音、形、义的理解形成整体上的认识。复习巩固要在具体的语言环境中进行，结合听、说、读、写进一步巩固，这是复习巩固生字新词的有效途径。但要让学生在练中用脑想，用眼看，用手写，调动多种器官，这样才能收到实效。

4. 运用生字

学生认识生字绝对不代表教师已经完成了识字的教学任务，教师还要指导他们对生字与生词进行实际运用。识字就是为了不断提高学生的语文基本能力。检测识字的质量，绝对不能只看学生会认、会默字的总量，而要看其能否在语言表达、阅读、作文中灵活运用所学的字、词。所以，教师要在指导阅读、背诵、复述、回答问题、用词造句、写话、作文中，在指导课外阅读中，让学生反复运用学过的字、词。这样才能巩固识字的成果，达到识字的最终目的。

四、识字教学的内容与方法

汉字由音、形、义三方面的因素构成，三者的关系密不可分。学生学每一个汉字都要求能读准字音、认准字形，明白字义。这样看来，识字教学包括字音、字形、字义三方面的任务，由于这三大教学内容是紧密相连的。为了便于叙述，下面分别介绍这三方面的教学内容和方法。

识字教学的第一点要求是让学生准确读字音。字音教学是识字的一个基础。汉字都是表意的，读音与字形间并没有必然联系，无法通过字形直接标示出读音。即便是形声字，也无法像拼音那样清楚地标示读音。因而要求教师通过教学让学生具备汉语拼音能力，并利用汉字的字音特点来教学，引导学生分辨同音字与多音字，以提高识字的效果。

1. 加强同音字的归类比较

汉字共有 87000 多个，而普通话中基本的音节仅有 400 个，因此存在大量同音字。如"丰、风、疯、锋、峰、蜂"等都读"feng"，但是这些字的字形、字义完全不同，若在不理解字义的情况下乱用同音字，这时就会错别字现象，无法准确地传达情感和意思。

同音字有两类：音同形异、音同形近。音同形异字，如"作"和"坐"，"阳"和"洋"等，教学时要结合具体词句，重点比较字义、字形，明确各自的用法。音同形近字，如"气"和"汽"，"偏"和"篇"等，学生非常容易混淆。这类的同音字教学，要根据形声字的声旁表音、形旁表义的字体构成特点，通过熟字认识生字，再分别组词来加深对字义的理解，重点分析字形的差异。另外，还可通过组词、选字填空等形式进行训练，将同音字置于一定的语境中进行辨别，如"刻苦学习下苦功，克服困难攀高峰"。

2. 多音字要指导学生据词按义定音

多音字的总数虽然不多，但因其在组成不同的词时读音不同，要掌握其读音还是有一定难度的。这就要把它们放到具体的语言环境中，指导学生据词按义定音。为了使学生对多音字的多种读法和用法学得活、用得准，还可以把多音字编入一句话或一段话里，让学生分辨音和义。

3. 用形声字的声旁辅助记忆字音

部分形声字的读音，与声旁作为独体字出现时的读音相近或一致。教学时，最好先让学生明确以声旁出现的独体字的读音，然后再去识读形声字。通过学习一个字，掌握了一串字，使学生从实际中逐步了解形声字的构字特点，学会识字方法。

由于语音的不断变化，现在有很多形声字已经不能靠声旁来确定它们的读音。因此，要提醒学生不要盲目根据字的偏旁或某一部分，随意读出字音。此外，字音教学还要注意强调按普通话语音读出字音，不断排除地方音的干扰。

汉字是方块字，几万个汉字便有几万个形体，且各不相同。虽然有一些字的形体看起来十分相似，但是读音与意思却是完全不同的。还有一些字的笔画很多，字形不易记。可以说，字形教学是识字教学的难点。教师要根据汉字构字规律与学生学习字形时的心理特点进行字形的教学，让学生能够准确地辨认出所学的字，培养学生分析与综合能力、比较与辨别能力以及理解和记忆能力。

1. 循序渐进，启发学生自己分析字形

独体字的教学一般主要教笔画和笔顺，带领学生通过一笔一画仔细分析字形。合体字教学，可以通过偏旁部首、独体字完成字形的识记。在字形的教学当中，要注重启发学生独立分析字形，让他们看到新的生字就会联想到自己掌握的字，准确说出字体的组成部分。汉字的字形有繁有简，难易程度是不同的，教学时要找重难点，集中力量进行突破。笔画在 10 画以上的字，往往字形的结构比较复杂，学生不易记。学生认识生字时，熟悉的那部分是强成分，而生疏部分为弱成分，强成分通常会掩盖弱成分，导致学生对于弱成分的具体感知更加模糊，再次出现时容易产生识读错误。因此，教师在字形的教学中，要依据据字形的特点、难易程度，以及学生认知心理等因素来确定教学重点及难点，并启发学生自己去突破难点。

2. 要重视形近字的比较

有些汉字在形体上只有细微的差别，随着学生的识字量逐渐增加，不断出现形近字。小学生往往观察事物不够仔细，很难区分一些相像的事物。识字、写字的时候，往往会出现张冠李戴的情况，会因为字形相近而读错、写错。为了防止学生出现写错字的情况，必须让他们仔细辨析字形相似的字，在教字的音、形、义的过程中，突出比较差别细微的部分。有些教师指导学生比较形近字的时候，会根据学生的知觉选择性规律，用彩色粉笔标识出容易混淆或忽视的部分，让学生识别起来更加明晰。这样能够提高学生辨认的精细程度，增强其字形识记的能力。

3. 利用汉字的构字规律，引导学生来分析、辨别、记忆字形

汉字分为象形字、形声字与会意字。识字教学时，可依据汉字构成规律、分析学生心理特征，以这两点为基础增强学生的识读主动意识，让学生有意识地识记汉字。如在教象形字"日、月、水、火"时，可结合图片讲解象形字的演变和形成过程；"看、明、笔"等字可立足会意字构字规律对字形进行分析；"晴""睛""清"等形声字可以启发学生分析形旁，从义辨形。

4. 编字谜和歌诀

低年级阶段，老师可根据汉字的字形特点，用便于这一阶段学生理解和感兴趣的方法进行识字教学，可以将课文中的字编成字谜或儿歌，让学生通过猜谜、唱儿歌的方式记住字形的构成，保证识字更加准确，同时也有助于增强学生的记忆力。

字义教学实际上是词义教学。

字义教学是基础，学生正确理解字义之后才能有效发展语言表达能力、提升读写的能力，教师要立足于汉字字义特点，根据学生当前的知识经验，通过多种方法开展教学实践，让学生掌握字、词的具体意义与用法。

1. 运用直观教具帮助学生理解字义

低年级的学生主要通过具体的形象对客观事物形成认知。因此，教师要尽量用直观的方法进行字义教学，把抽象的知识转变为学生能够真正感受到的具体的东西，充分调动学生的感觉器官，让学生通过具体的感知明确字义。

2. 指导学生结合实际生活来理解字义

一些字、词理解起来有一定难度，教师要结合生活中的具体事例进行解

释和说明，这样有助于学生理解。如"团结"这个词，可以举同学有困难互相帮助，有事分工合作的事例，让学生理解它的意思。"颠簸"一词，可以启发学生说一说自己在崎岖不平的道路上乘车或在大风大浪中乘船的感受。"筹备"一词，可以引导学生回忆庆祝节日或搞活动前的准备情况。

3. 指导学生联系上下文理解字义

理解字、词的方法很多，指导学生联系上下文来理解字、词，是常用的一种方法。"又、也、还、却"等抽象字、词，只将其放在具体的句子中，让学生结合上下文的意思，才能弄懂它们的意思。

4. 充分利用汉字的构字特点，形象地进行字义教学

教学象形字时，可以抓住某些象形字还保留实物形态表示意思的特点，用图画和分析字形的方法帮助学生理解字义。教形声字，可以利用形旁表义的特点，帮助学生理解字义。

四、不同形式的识字教学

为了培养学生的识字能力，根据学生的认知规律、语文学科学习的规律以及汉字自身的规律，教材中提供的识字形式多种多样，主要有看图识字、归类识字、结合课文识字等。

由于低年级学生的具象思维大都较为活跃。以看图识字的方式，通过图片提供感性材料，把要形成的概念形象化。这一识字方式是生动而有趣的，与儿童认识客观事物的规律是相符的，可以有效提升识字教学的效率。低年级的语文教材中的看图学习读拼音、看图识字、看图学词句、看图归类识字等，都是看图识字的具体形式。

"看图识字"是借助图画和汉语拼音来识字的方式。每一课的内容都包含图画、纯拼音的句群以及从句群当中提取的生字。学生所学的生字都是常用字，按照由易到难、由简到繁的顺序进行编排，并尽量让所学生字呈现出联系性。在教学中，教师要把识字与认识事物、简单的阅读训练实现有效结合，在识字的同时复习巩固汉语拼音，使学生的语言和思维得到发展，观察能力

和阅读能力得到初步的培养，为以后的学习打下基础。

"看图学词句"的具体内容为：一篇短文；一幅或者几幅与短文内容相匹配的图；从短文中提取需要学生掌握的词语；从词语中找出学生的要掌握的生字。在教学过程中，要通过指导看图，让学生理解短文的意思，在看图的基础上学词学句，从而把培养观察能力和词句训练结合起来，把学习语文和认识事物结合起来。然后进行识字教学，把识字和学词、学句联系起来。这样在语言环境中识字，能够把字的音、形、义结合起来，而且学生在学词学句和识字以后，又加深了对短文或句子的理解，使识字与阅读能够相互影响、相互促进。

"看图归类识字"是按照事物类别来编排的一种图文配合的识字教学形式。这种识字方式具有三大特点：①按照动物、植物、微生物或其他的类别来编排生字，学生认识字的同时还能增长知识；②配有照片或图画，让学生通过配图认识具体的事物，对字、词有更深刻的认识；③体现出字形与字义之间的联系，比如将"动物类"文字中有"虫""鸟""犭"等偏旁的字、词进行集中编排。这样可以在学生识字的过程中对学生进行逻辑训练，使其明白形声字构字规律。

归类识字指的是根据汉字的音、形、义任意一方面表现出的特点，把课文中的字归类编排的一种识字形式，让学生通过识字了解汉字的构成规律，掌握识字的方法，锻炼识字的能力。归类识字常用的编排形式包括：形声字的归类识字、量词的归类识字、反义词比较归类识字等。

1.形声字归类识字

根据形声字的构字规律来识字，分为两类：一类是通过基本字识读生字，由学过的基本字为部件，与偏旁组合成为形声字；第二类为形声字归类识字，由表义形旁、表音声旁组成的字。每组都要将熟字放在前面，将生字放在后面。每一组生字后编排了由该组生字所组成的词语，帮助学生理解字义。教学时要培养学生自学的能力。一般，课堂上会先复习已经认识的熟字，在此基础上学习生字。教师让学生先借助拼音来读生字、生词的音，然后再引导学生试着说明生字和熟字音、形、义方面的异同，明确表音、表义偏旁同生字的读音、意义之间的联系。

2. 反义词归类识字

这种教学方法会将意思相反或者相对的词集中在一起。这些反义词通常是学生在平时的表达交流中经常用的，词义容易理解，且意思相反、相对也容易辨别。但是同一组反义词在字形、字音方面大都不具有联系性，字形为教学当中的重点，要让学生通过已掌握的熟字或偏旁来识记、分析字形。

3. 量词的归类识字

这种形式一般是以词句的形式出现的。教师组织教学时要注意，由于汉字具有一字多义特点，只有在特定语言环境中才是量词。因此识读生字要结合词句，这样学生理解字义才能更加准确，明白量词与名称应该怎样搭配。除了课本中的用法，教师还可启发学生结合生活经验说说其他的习惯用法。要告诉学生量词的具体用法，根据语言习惯使用，否则就会闹笑话。

"随课文识字"是小学阶段识字教学中主要的识字形式，其特点是不将生字从课文中提取出来，而是分散于课文中，结合课文识字。这种识字形式字不离词、词不离句，将识字同阅读相结合，通过阅读句子和短文来理解字义，识记字形，保证识字教学的效果。初读课文时，学生就要准确读出生字的音，看清生字的形；阅读课文之后，结合对生字、生词的理解来明确字义、词义，并巩固字的读音，进一步认识字形；在理解课文之后，突出字形的重点、难点，识记字形，并练习书写。也可以将一部分生字放在阅读之前来学习；另一部分的生字结合课文的阅读理解来学习。有一点需要强调，就是要尽量在语言环境当中识字，联系整个句子或上下文来理解字义，这正是随课文识字具有的优势。

随课文识字的中心环节就是理解字义，以对字义的理解来带动识记字形、掌握读音，使字的音、形、义产生联系。语言环境是课文介绍的知识、叙述的事情、表达的感情……为准确理解字、词提供了前提，教师应充分利用这一条件，让学生明白字、词意思。结合具体语句理解字、词，不仅降低了理解的难度，而且有效避免了死记硬背词语解释。另外，结合课文理解字、词，可以随时受到课文规范语言的熏陶，便于将理解了的字、词不断积累起来，并在口头和书面语言中灵活运用。

随课文识字需要注意的问题：①要平衡好识字与理解课文之间的关系，避免因识字而打断学生在阅读、理解课文时的思路。②指导字、词运用一般安排在复习巩固环节，最好不要在学生刚理解某个词的时候就让学生试着应用。③虽然教学重点是理解字义，但也不能忽视书写指导与字形教学。

第三节 写字教学

一、写字教学的意义与要求

写字是语文学习当中一项重要的基本功，它与识字的关系是非常密切的，可以有效巩固识字的效果。学生掌握了字形、字音，又能写得整洁、端正，且书写有一定的速度，达到这样的水平之后，就能顺利完成各类作业，对他们后续的学习甚至工作都是大有裨益的。书法在我国是一门传统艺术，小学生长期进行写字训练，就能受到书法之美的熏陶，陶冶情趣，还能修身养性，形成良好的个人卫生习惯，可培养小学生的文化修养。因此，语文教师一定要重视并强化书写教学。

小学阶段的写字教学是为了让学生适应用铅笔和钢笔书写，进而学习写毛笔字。此阶段对写字教学提出的要求有：写字姿势端正、执笔的方法正确；无论是铅笔字还是钢笔字，都要书写正确，文字端正、整洁，且行款要整齐，书写有一定速度；用毛笔临摹字帖，笔画匀称，纸面保持得干净；养成爱惜书写用具和认真写字的好习惯。

书写正确，即写得对。要求字形要规范，按笔顺写，笔画不增不减，不改变字的形状和部件位置，这写字教学对学生的基本要求。端正就是写得好。要在正确书写的基础上，将字写得结构匀称、间架适度、字迹清楚、笔画工整；一行字和多行字都要保证书写行款整齐。所谓整洁，是指纸面干净又平整。有一定的书写速度，除了正确、端正书写，还要较熟练地书写。以上是对高年级学生的写字要求。用钢笔写字有一定的速度，抄写汉字每分钟不少于 20个，字迹工整，行款整齐。这是在小学生写字教学活动中需要达到的具体要求。

二、写字教学的过程

写字教学应循序渐进，不断提高要求。教师指导小学生写字，要先练习用硬笔书写，后练习用毛笔书写。一、二年级的学生要用铅笔写字，从三年级开始练习写钢笔字。从三年级的第一个学期开始练习毛笔描红，第二个学期开始练习仿影，之后再临帖。这样安排，是因为小学生的腕骨和指骨的骨化还处在逐渐完成的过程中，使用硬笔所需要的腕力和指力都比使用毛笔小些，而使用铅笔所需要的腕力和指力最小。而且低年级学生注意力集中的时间短，容易写错字。用铅笔写字，写错了可以用橡皮擦去重写，钢笔字则不易擦掉。因此，练习用硬笔写字，先使用铅笔，后使用钢笔。指导学生练习写毛笔字，也是从小学生的生理特点出发，先从描红开始，再进行仿影，最后临帖，有步骤地培养学生用毛笔书写的能力。

一节写字课，其教学过程一般是"指导—教师示范—学生练写—教师批改—集中讲评"。

1. 指导

这是提高学生写字质量最关键的环节。指导必须明确重点、难点。教师要针对每个字讲清每一笔的书写要领，对于重点笔画，要让学生注意观察笔画在形态上呈现出的特点。在分析笔画的同时，指导学生正确运笔，掌握正确运笔的方法。

2. 示范

教师的书写示范对于学生的影响是潜移默化的。要让学生清楚每一笔一画的起笔、运笔、收笔，能够掌握运笔的提与按、快与慢。针对相似的字形和笔画，需要在示范时作比较，明确经常出现的一些错误写法。示范要与指导有效结合，一边示范，一边指导，这样的教学是形象直观的，会收到比较理想的效果。

3. 练写

低年级学生练习书写之前，可以先看着黑板上的范字进行书空练习，作为练写的过渡。学生练习写字时，教师要巡视指导，发现普遍性的错误，应该立即进行纠正，对写字较差的学生要加强个别辅导。

4. 批改

教师要仔细批改学生的作业。对于写得好的同学提出表扬，书写特别好的作业可筛选出来在班级的光荣榜展示，以鼓励学生更认真地书写。学生的书写出现错字或书写不够认真，教师需用笔圈出，让其通过再次书写来改正。

5. 讲评

教师会在作业批改过程中发现问题，据此对学生的写字进行综合分析与评议，这是提升学生书写能力与水平的最重要的一环。讲评既要肯定学生的优点，又要纠正出现的错误偏向。教师还可让学生讲评，通过自我讲评与交换互评的方式，培养学生的分析能力、观察能力与鉴别能力。

批改可与讲评结合起来。在一节完整的写字课中，教师可以当堂批改部分作业，然后展开讲评。也可在课后集中批改，在下节写字课上先开展讲评，再进行指导、书写示范、书写练习等新的教学内容。具体的操作，要结合教学的需要以及学生作业情况进行具体安排。

三、写字教学的内容与方法

学生初学写字最常使用的文具就是铅笔。学生刚开始学写铅笔字的时候，教师要科学、细致地指导，为他们讲解教写字的基本方法和基础知识，让学生逐渐掌握基本要求，为以后练习钢笔字、毛笔字奠定基础。

1. 写字姿势

写字训练开始较早，从小学入学教育开始，教师就要根据课本当中的写字示例图，对学生的写字姿势进行示范和指导，让学生在写字时保持正确的姿势。写字姿势分为坐的姿势与执笔方法：①坐的姿势。学生写字时头要摆正，略微向前倾，肩部要放平，腰要挺直。要坐于椅子中间位置，不能太靠前，也不能太靠后，胸部要和课桌保持大约一拳的距离，双脚平放于地面。作业本要放正，眼睛与本子应保持约一尺距离。双臂平放在桌面，用左手按住纸，用右手握住笔。②执笔的具体方法。铅笔执笔方法为：用右手拇指与食指握住笔杆的下端，距笔尖约一寸，同时要用中指在内侧抵住笔杆，无名指与小指支撑住中指，握笔杆的力度要适当，笔杆的上端略微向右偏，贴住虎口，与纸面的倾斜角度约为45°。

2. 运笔方法

铅笔字笔画较为平直，变化小，因此，书写时的运笔方法是比较简单的。通常在起笔、转折和提钩时用力稍重、速度稍慢；行笔过程当中用力比较均匀，且速度适当；写撇、提、钩等笔画的收笔和写其他的尖状笔画时，应略轻、略快。铅笔字的基本笔画运笔要点可概括为："横要平，竖要直，提、撇要尖，捺有脚，折有角就得顿，小小点要写好，落笔轻轻收笔重。"

3. 教学生正确使用田字格

低年级学生的空间感知能力不足，初学写字，不知道从何下笔，导致写出的字东倒西歪或过于"顶天立地"。用田字格写铅笔字，能够逐步提生学生在空间知觉上的精确度，帮助学生掌握笔画位置与字的整体架构。教师指导学生在田字格作业本中练习铅笔字书写时，先练习基本的笔画与独体字。教师要将起笔部位、笔画名称，以及每一个笔画在田字格当中的具体位置，为学生讲明白，再通过描红临写，让学生领会在田字格当中写好字的要领。开始时，允许学生看一笔写一笔，进而要求看一个部件写一个部件，最后要求看一个字写一个字。在学生具备一定写字能力后，使其在方格本中写字，通过之前的练习掌握笔画间以及各部分架构间的空间关系，将字写端正，架构布局合理。

4.引领学生了解汉字笔顺规则及间架结构

学生掌握了七类笔顺规则，就可以将字写规范，还可以保证笔画之间的搭配与布局合理，并且能提高书写的速度。学生刚开始学写字时，教师在教每一个字的时候，可以让学生先用手指比划一遍，掌握正确笔顺之后再正式提笔练习。经过一段时间的练习，学生掌握笔顺之后就不需要再每一个生字都书空了。在低年级的写字教学当中，教师要重点指导笔顺易出错的字。有些学生写字时笔画不出错，但字体东倒西歪，看起来松散无骨，这主要是因为学生在书写时没安排好比划在田字格当中的位置，笔画之间的搭配不合理。因此，写字教学要重视字的架结构教学。教师要让学生明确每一个字的结构与每个部件在田字格占据的位置。对于结构特殊、笔画较多或较少的字，需要进行重点教学，让学生真正把字写好。

小学生从三年级开始练习写钢笔字。钢笔和铅笔部属于硬笔，在书写方法上有许多相同的地方。所以铅笔字教学中的基本要求与方法，也适用于指导钢笔字学习。下面根据钢笔字的书写特点和三年级学生写字的实际，着重讲一讲应注意的几个问题。

1.教给学生写字时的执笔与运笔方法

开始教学生写钢笔字时，教师应先简单地介绍钢笔构造与笔尖的性能，使学生充分了解钢笔的特点；教给学生正确的执笔方式、使用方法和保管方法；要让学生明白笔尖的正确方向，侧着写、反过来写都不可以，更不能像写铅笔字一样，边写边转动笔杆。受笔尖限制，只能用钢笔写较小的字，所以运笔时主要依靠手指与手腕发力。书写钢笔字时，用指力比较多，而且要依据书写笔画的长短、粗细调整手腕力度。当写的笔画比较细时，手腕要松弛一点，用力小一点。教师教学生写钢笔字，应通过示范与讲解使学生明白要将指力与腕力协调起来，这样写字时才能顺畅发力。钢笔尖的弹性较小，其运笔方法为顿、按、起、收。写竖时，先将笔尖往下顿、按，然后再行笔往下；写横时，也是向右下顿、按，再行笔往右；收笔时，向右下略顿，再提起，但要注意顿笔不能太夸张。

2. 要求书写有一定速度、行款整齐

三年级学生写字已从方格本转换成横线格的练习本，并且书写已有一定的速度。因此，教师除要求学生在写字时做到笔画书写认真、笔顺正确、结构合理外，还要做到字体大小均匀、行款整齐、布局合理，保证整页纸上的字书写匀称、美观、自然。

3. 提出严格要求，进行严格训练

中、高年级的学生作业量增加，写字较多，因而写字时比较容易潦草、马虎，教师要明确地告诉学生必须对自己有严格要求，下笔之前要看准字形、字的笔画以及结构，尽量避免书写时出现错误。写错字时也不要乱涂乱抹，将错字圈出，在旁边写出正确的字即可。这样可以保证书写整洁，有利于学生养成书写干净、整洁的习惯。另外，还要让学生学会保管钢笔，书写结束之后要及时将笔装进笔帽，这样能有效避免笔尖处损毁。钢笔经过一段时间的使用之后，要进行清洗，可反复用清水清洗，将笔胆和笔尖清洗干净。

我国的书法艺术可谓源远流长，其影响非常深远。为了培养小学生对书法艺术的热爱，使其将汉字书写正确的同时又能写得美观、端正，小学语文教学要重视毛笔字的教学。写好毛笔字是一项语文基本功。毛笔是软笔，其书写技巧不容易掌握。教学生写毛笔字，主要是教给他们写毛笔字的基础知识和技能。楷书书写点画分明，字体结构方正，便于学习，应用范围广，也是学习书写其他字体的基础。所以，写毛笔字要先从楷书开始练，小学阶段要着重练楷书。

1. 教给学生正解的写字姿势和执笔方法

写毛笔字的姿势分为坐写和站写两种。小学生主要练习坐写。坐写时要求学生端坐在桌前。胸口与课桌约相距一拳，双脚平放在地面，双腿自然分开并保持与肩同宽的距离。身直、肩平，头部微微前倾，眼睛看笔体的下端。两臂自然撑开置于桌面，左手按纸，右手执笔。这样，书写时点画的用力得当，既能保证发力得当，又能持久书写。

用毛笔写字的时候，执笔方法不同于铅笔、钢笔。将右手的食指弯曲似鹅头状，以第一节手指压住笔杆右外侧；拇指的第一节保持凸出，指腹抵住笔杆左内侧，食与指上节相对，紧握笔杆。中指与食指稍微分开一些，在下面夹住笔杆；无名指及小指指尖部分不要碰到掌心，保证掌心呈圆而中空的状态。这样，手部的筋骨、肌肉就会放松，使毛笔可以上下、左右、前后等各个方向转动自如。腕部要和纸面平行，笔杆保持竖直。另外，握笔位置不要太低，如果要写小字，要离笔头约一寸，写中楷时要握得略高一些，写大楷约离笔头两寸，有时还会再高一些，握笔的位置由所写字的大小决定。学生在执笔时要做到"指实掌虚，掌竖腕平，指腕灵活"。

2. 教给学生正确的运腕和运笔方法

运腕是以手执笔，运用腕关节的力量来写字。具体的动作为腕部随运笔时的提按顿挫、轻重徐疾摆动。运腕幅度要看写的字的大小。

写毛笔字的运笔要求为中锋铺毫，笔毫在点画间运行的同时要保证灵活自如。指导学生运笔时，要一边讲一边示范，注意以下四点：①逆锋起笔。在起笔的时候笔锋要"欲左先右，欲右先左；欲上先下，欲下先上"，达到起笔藏锋的要求。②回锋收笔。在写横、竖到达尽头需要收笔的时候，应将笔稍微提起，让笔锋回转。③中锋运笔。在行笔时，锋尖始终在笔画的中间位置运行，这样写出的字才能骨肉匀称，笔韵光洁，字体饱满且有神。④毛笔保持正直，四面吸匀墨汁。学生能做到以上四点，并且在书写时适当运用笔锋，在行笔中做到快慢轻重，行驻有节，这就算掌握了运笔的基本要领。

3. 按照循序渐进的规律提高学生书写毛笔字的功力

指导毛笔字的书写，不但要让学生掌握正确的写字姿势、执笔和运笔的方法，而且要通过指导"摹"和"临"，通过训练，循序渐进地提高学生的写字能力。

"摹"就是摹帖。它的作用在于让学生学到范本上的笔画、结构等。摹帖包括描红和仿影。描红是直接在印好的红色范字上，按字的笔画和结构描写。描红之前，教师可以讲讲如何起笔、行笔、收笔，使学生初步掌握运笔的方法。指导描红的时候，要求学生记住红色范字的形态，掌握具体笔画构成和笔画形态，然后再按笔顺描写。描红时送笔要慢些，所写的笔画要一笔成形，努力做到红色恰好被墨汁覆盖。写出的笔画如果和范字有出入，也不要重描，在描下一个字时注意改进。

仿影是用半透明的纸蒙在范字上，按照在纸上显现出的字迹来写。仿影时不能写写描描、填填补补。教师除了要指导学生掌握如何起笔、行笔、收笔以外，还要启发学生动脑，思考范字的笔画安排和字的结构形态，免得学生离开了范字就不知道如何下笔。

"临"就是临帖。临帖以范字或书法名家的碑帖作为范本，让学生照着写。汉字的笔画安排和布局比较难掌握，而临帖能帮助学生解决这个问题。为了便于学生掌握字的间架结构，不至于写得过大、过小或者歪斜散乱，一般用米字格来临写。临帖之前，要指导学生仔细观察字的形态和点画的写法以及结构的安排，做到心中有数，然后再下笔。临帖时要努力做到一气呵成，不要看一笔写一笔，也不要因为写得不像，就描来描去。每临一遍后，要对照字帖研究，发现问题并进行改进，逐步做到写出的字和字帖上的范字相仿。常用的字帖有柳公权的《柳体字帖》、颜真卿的《颜体字帖》和欧阳询的《欧体字帖》三种。教师可根据自己所擅长的字体和学生的实际情况选用其中一种，一经选用之后，应坚持临写下去，不要随意更换字帖，否则不容易把字练好。

第七章　小学语文阅读教学

　　阅读，是从书面文字中获取信息的一种活动。人类社会自有了文字以后，就有了阅读活动。对于现代社会的人来说，阅读如同衣食，是日常生活的需要。要学习前人在生产与生活当中积累的经验以及各种知识与科学成果，需要通过阅读来完成；获取当前的各种信息，与他人进行交际沟通，也离不开阅读；要通过书本认识世界，不断拓展个人的认识，依旧需要阅读。可以说，个体的学习、交际以及认知等各种活动均离不开阅读。而阅读教学是教师、学生、文本、编者之间实现对话的过程，是学生经教师组织、引导，通过阅读、感知、理解、交流、分享的过程。

　　阅读与阅读教学是两个不同的概念，二者存在区别，但同时也存在联系。阅读是为了从文字当中得到信息，开展阅读教学主要是为了培养学生通过书面文字获取有效信息的基本能力，也就是对于书面语言的理解能力。阅读属于个体开展的一种活动，阅读教学是师生共同参与的多主体交流的活动。阅读主要的过程是通过语言文字理解其中传达的信息，了解信息内容并不是阅读教学的最终目的，还要让学生明白怎样有效借助语言和文字来表达，进而提高学生的理解能力和语言运用能力。

第一节　阅读教学的意义和要求

一、阅读教学具有的意义

　　在语文教学中，阅读教学是一个基本环节。小学语文课上，阅读教学通常在课堂上占用的时间最长，投入精力最多。阅读教学的质量对于语文教学的总体质量具有决定性的影响，关系到小学语文教学整体目标能否全部实现，能否达到所有要求。部分教师认为，学生作文水平主要受作文教学影响。虽然学生写作文的水平跟作文教学有直接关系，但是根本原因在在于阅读教学。由于阅读教学中学生读得少，积累有限，很难有效提高作文能力。由于阅读教学质量影响语文教学整体水平，因此，说起语文教学，人们往往会理解为阅读教学。关于语文教学的研究中，"语文教学方法"通常与"阅读教学方法"划等号；"语文教学的过程"与"阅读教学过程"划等号。"语文教学改革"这一概念涵盖的范围非常广，它通常用来代替"阅读教学改革"。以上种种现象表明，人们认为阅读教学是语文教学最基本的环节。无论是从教学上讲，还是针对教育工作来说，阅读教学均有多种意义。

汉字是音、形、义的统一体。识字，就是在头脑中建立起音形义三者之间的联系，即看到一个字，就能读出它的音，知道它的意思。汉字的三个要素之中，字义是核心，失去字义，字就变成了没有任何意义的符号。着眼于掌握字义，阅读是最有效的识字途径。识字的难点在于巩固，而在各种巩固的方式之中，把生字放在语句里，通过阅读去巩固，是效果最好的一种方式。正是由于这样，所以目前尽管识字教学的流派很多，但不管是哪一个流派，采用的是什么方法，都是主要借助阅读巩固识字能力的。汉字具有一字多音、一字多义的特点，多音字只有在词句中才能读准字音。结合阅读来识字，对于学生提高识字的质量，促进语言的发展，有着非常重要的意义。

阅读教学的重点是培养学生对于书面语言的理解能力。现代汉语的书面语与口语虽然有一些区别，但是字音、词汇和语法系统大致相同。阅读能力提高会使听说能力也获得相应发展。阅读是一个吸纳知识和信息的过程，口语表达和作文是输出的过程。提高学生的表达能力，需要依靠多种条件，其中最重要的就是认知能力与语言修养。学生通过阅读教学积累大量的词汇，掌握了各种句式以及多种表达方式，为写作和语言表达奠定了基础。同时，阅读也提高了学生的认知能力，从而使其形成正确的观念，可以轻松驾驭生活中的素材。正因如此，"读书破万卷，下笔如有神""劳于读书，逸于作文"等说法一直被人们视为经验之谈。

小学教材中的阅读资源十分丰富，涵盖了人文、历史、科学等诸多领域，再加上课外阅读，学生通过阅读接触到的知识领域就更为广泛了。虽然阅读教学的主要任务并非是传授社会与自然知识，但是知识的内容和形式不可分割，学生在阅读中理解和掌握语言文字的同时，也在不断增加知识储备。学生在阅读中拓展了视野，增长了知识，有利于开拓思维，进而实现智力的进一步发展。

语文教材中的每一篇课文，都负载着一定的思想内容。教材中的课文大多是经典文学作品或者是具有很强文学性的文章。这些文章通常表达的思想比较深刻，同时以生动、鲜活的形象反映着生活，揭示了生命的真谛，歌颂生活中的真、善、美，无情鞭挞那些假、恶、丑的部分。教材中的文章对学生的思想具有潜移默化的影响，让学生受到积极的影响，感受美、向往美、学习美。教师如果能在教学中处理好语言教育与思想教育之间的关系，学生就会在语文实践中受到良好的思想教育。

二、阅读教学的要求

《义务教育语文课程标准（2011 版）》对小学生阅读方面的要求是："对阅读有浓厚的兴趣，能用普通话正确、流利、有感情地朗读课文。具有独立阅读的能力，学会运用多种阅读方法。有较为丰富的积累和良好的语感，注重情感体验，发展感受和理解的能力。能阅读日常的书报杂志，能初步鉴赏文学作品，丰富自己的精神世界。能借助工具书阅读浅易文言文。背诵优秀诗文 240 篇（段）。九年课外阅读总量应在 400 万字以上。默读有一定的速度，默读一般读物每分钟不少于 300 字。学习浏览，扩大知识面，根据需要搜集信息。""养成良好的阅读习惯。课外阅读总量不少于 145 万字。"

　　上述要求总体上可以概括为四个方面：①浓厚的阅读兴趣；②基本的阅读能力；③良好的阅读习惯；④丰富的语言积累。

　　兴趣是由于渴望认识世界、获得知识、不断地探索真理而产生的一种情绪色彩浓厚的意向活动，是学习动机当中最活跃、最现实的成分。实践表明，只有具备浓厚的兴趣，才能积极进行探索和观察，进而实现牢固记忆、展开丰富想象；有浓厚兴趣，才会倾注巨大热情，并始终保持旺盛精力，不怕困难和阻碍。无论是在学习中还是在工作中，无论是学习哪一学科，无论是语文学习中的阅读还是识字、作文，都需要以兴趣为起点。大纲为何要将阅读兴趣作为重点来强调呢？原因包括两个方面：

　　（1）阅读是从文章中提取信息并进行加工和运用的过程，是一种最基本的学习活动。人类开展的学习活动有多种方式，如听讲、实践、实验、练习等等，但在各种方式之中，阅读是一种最经常、最基本的活动。"学会学习"固然包括许多内容，但最基础的是会阅读。现代社会，不能阅读、不会学习，是很难正常生活的。学会阅读，养成了阅读习惯，为终生学习和个人的持续发展打下了一个必要的基础。要学会阅读、养成阅读的习惯，就必须对阅读有浓厚的兴趣。

　　（2）阅读教学中最主要的活动，是学生的读书活动。随着语文教学改革的深入发展，必须改变过去那种"教师一味讲、学生单纯听""教师发问、学生集体答"的模式，学生自主的读书活动将成为课堂教学中的主要活动。在这种情况下，学生如果对阅读不感兴趣，那么阅读教学根本无法有效进行，培养、提高学生的阅读能力也就无从谈起。

　　初步的阅读能力有如下具体要求：①把握文章的主要内容；能通过查阅词典等工具书理解具体语境中词语的真正意义，能辨别词语的情感色彩；结合自身积累并联系上下文来理解课文中重难点词句的意思，体会语句的表达效果。②体会作者的思想感情，并有自己的见解。③在阅读中揣摩文章的表达顺序，对文章基本表达方法形成初步认知。④用普通话流利、充满感情地朗读课文。⑤学会默读，要有一定的速度，默读一般的读物时每分钟最少要读300字，还要边读边思考。⑥学习浏览，可以根据学习需要搜集相关的材料。

上述要求针对的是整个小学阶段，是对小学生接受完小学教育时在阅读能力上的要求。在教学实践中应分学段逐步提高要求：低年级"学习结合上下文与生活实际掌握词句意思""学习正确、流利、有感情地朗读课文""默读课文不出声，不指读，一边读一边想""阅读浅显的儿童读物，能大致了解内容"；中年级主要是"能联系上下文的内容或通过查字典理解句子或词的意思""能初步把握文章的主要内容，揣摩文章的叙述顺序，体会作者的思想感情""能正确、流利、有感情地朗读课文""默读有一定速度""能借助字典或有关资料独立阅读程度适合的读物，了解主要内容"；高年级应全面达到小学阶段的要求。

学习习惯的培养，尤其是早期培养，对人一生的发展至关重要。一个好习惯，往往能造就一个人；一个坏习惯，甚至可以毁掉一个人。叶圣陶先生说："教育是什么，往简单方面说，只须一句话，就是养成良好的习惯（整个人生各方面的习惯）。""从小学老师到大学教授，他们的任务就是帮助学生养成良好的习惯。"阅读能力与良好阅读习惯之间是什么关系呢？一般来说，一个人阅读能力的养成，大体要经历"兴趣—习惯—能力"的转化过程。因此，如果阅读时没有好的习惯，就无法形成较好的阅读能力。

学生的语文素质取决于本人的语言积累及语文能力。虽然语文能力是语文主要的教学目标，但若没有语言的积累，语言能力提高就缺少根本凭据。因此可以说，相对语文能力来说，语言积累是更为基础的。语言积累到底要积累什么？通常主要有：①字的积累，即通过读写积累足够多的字；②词的积累，即要掌握大量词汇；③名言佳句的积累，即掌握一定量的广为人知的名言佳句；④经典诗文积累，即会背一定数量的优美的古诗和现代诗。上述几种积累当中，典范诗文积累是最重要的，也是最高级的，它不仅是一种语言积累，而且也是文化积累。《义务教育语文课程标准》明确规定了课外阅读总量，提提出"背诵优秀诗文不少于240篇"，就是为了保证小学生达到基本的积累量。

第二节　阅读教学的过程

阅读教学是由教师指导，学生主动开展阅读实践，在阅读活动中逐渐形成与提高阅读能力的一个过程。阅读教学的过程，是一个外延宽泛的概念。它可以指整个小学阶段的阅读教学，可以指一册课本的阅读教学，可以指一组（单元）课文的阅读教学，也可以指一篇课文的教学。这里讲的是整个小学阶段的阅读教学过程和一篇课文的教学过程。

一、小学阶段阅读教学的过程

小学阶段的语文教学是一个整体，阅读教学是其中的一个重要部分。单就小学阶段的阅读教学而言，它又是一个整体，各个学段、各个年级的阅读教学都是阅读教学的构成部分。

小学阶段的阅读教学，首先要明确教学的目标；其次要研究怎样一步一步达到目标。小学阅读教学的主要目标为：①培养阅读兴趣；②培养初步的阅读能力；③养成良好的阅读习惯；④丰富语言积累。这四项任务贯穿小学的整个阶段，是循序渐进、螺旋上升的。

低年级的学生处于学习阅读的起步阶段，应重点培养学生的阅读兴趣。在阅读能力培养上，要将打好基础作为重点。先理解词句，才能理解文章，低年级的课文篇幅是比较短的，内容也比较容易理解，学生理解了每一个词语和句子，也就能对课文内容有一个基本了解。因此，低年级阅读教学是以理解词和句子为重点。此外，教师从教学生阅读的时候开始就应当引导学生朗读，将朗读当作理解词与句的有效手段，将培养学生在朗读方面的能力当作阅读教学中的关键任务。首先，教师要通过指导让学生读准字音，这是阅读中最基本的一项要求。在读准字音的基础上流畅朗读，再带着感情读，从二年级的时候指导学生进行默读，要求学生做到阅读时不发出声音，不指读，还要一边读一边思考。除了要培养学生的阅读能力，还要促使其形成良好的读书习惯。

中年级学生已经识了 2000 个左右常用汉字，阅读一般儿童读物不会碰到多少生字。此时就要开始培养学生对于读书的兴趣，让学生增加阅读量。关于阅读能力培养方面，要让学生联系上下文的内容理解具体词句，还要掌握利用字典、词典等工具书来理解词句的技能，指导学生领会课文的主旨，体会作者传达的思想与情感。中年级仍旧要重视朗读，同时也要继续让学生默读。必须明确，把握文章的主要内容，体会作者的思想感情，都是通过阅读完成的。中年级是学生的习惯由"不自觉"向"自觉"转化的一个关键时期，要引导学生养成认真阅读、深入思考的习惯，读书时要边读边想；养成"不动笔墨不读书"的习惯，主要是勾、画的习惯，也可以鼓励学生动笔批批、写写。要通过实践，逐步指导学生养成查字典的习惯。通过多种方法和途径，让学生积极开展课外阅读，不断拓展阅读范围。

高年级要使学生的阅读兴趣得到进一步强化，让学而生广泛涉猎各类读物。在继续重视词句教学的同时，可把理解的重点放在整篇课文上。词句教学的重点是指导学生领会有一定内涵的词句。在课文教学中，教师要指导学生理解课文的主要内容，揣摩文章的表达顺序，体会作者的思想感情，领悟作者使用的表达方法。朗读要做到读音正确、流利，通过朗读表现出作者的思想感情变化；要提高默读的速度和理解水平。

二、课文教学的完整过程

教材为教学提供依据。教师立足于教材指导学生开展阅读实践，在通过教学逐步培养学生对于阅读的兴趣，注重语言积累，引导其形成阅读能力和好的阅读习惯。在针对一篇课文教学时，教师要明确此篇课文在本单元教材乃至在整本教材当中的地位，明确课文在思想内容、表达方式上与其他课文存在的联系，让全册课文的教学形成系统联系。至于教学一篇课文的方法与过程，这里只能就一般情况阐述具有普遍性特征的程序与原则。由于一册教材中课文的题材和类型是不同的，实际教学情况和教学对象也存在一定的区别，教师在课文教学中，可灵活选择最合适的教学方法，教学设计应讲求实效。

任何一篇课文的教学实践，都包括四大基本问题：教学的目标、内容、程序与方法等，关于这几个方面应注意以下几点：

（1）教学目标上：重点培养自学能力。叶圣陶说："学生须能读书，须能作文，故特设语文课以训练之。最终的目标是：自能读书，不待老师讲；自能作文，不待老师改。"此处提到的"自能读书"，指的是在阅读教学中需要培养的一种自学能力。想让学生形成自学能力，并不是短时间内可以实现的，需要循序渐进，日积月累。因此，教师在教每一篇课文时都应把自学能力的养成视为主要任务。

（2）教学内容：应突出重点及难点。一篇课文哪怕内容只有几百字，也是内容、形式的组合体。从内容来说，有的是叙述事件；有的是阐述道理；有的是抒发感情；有的是介绍知识。从形式方面来说，又无不渗透着字、词、句、段与语修逻文之类的知识，可谓麻雀虽小，五脏俱全。因此，阅读教学往往面面俱到，这是限制阅读教学效率的关键原因。教师想做到面面俱到，主要是因为他们总是觉得学生学习课文是从零开始，且学习任何一课书里的任何内容（字、词、句、篇）都必须一次掌握；而事实上，每个学生学习一篇课文时都有一定的基础，学生能够掌握任何一种语言形式（比如一个字，一个词或一种句式），一般都不是在学习一篇课文中完成的。有些老师还存在一种误解，认为任何知识，只有老师教，学生才能弄懂。而事实上，不少知识，学生只要多读几遍课文就可自行理解，甚至理解得并不比老师差。只有走出这些认识上的误区，突出重点和难点，才能使教学的过程切合学生的实际。

（3）在教学安排上，要突出学生自主的语文实践活动。课标指出："学生是语文学习的主人。""在教学过程中，要加强学生自主的语文实践活动。"这一环节强调"自主"与"实践"。针对教师来讲，要让学生真正自主学习，应做到：①给学生充足的自主学习时间，把教师教的时间控制在最低限度；教师占用大量的时间讲解、分析，就等于侵犯了学生自主学习的权利。②保障学生自主读书、自主思考的权利。③鼓励学生发表见解，提出问题，敢于辩论，能发现并纠正别人的错误。从阅读教学的实际出发，学生的自主学习主要是自主地进行语言实践活动，即读、听、说、背、写等活动。课文教学不管如何安排，都要将大部分课堂时间留作学生进行读、听、背、说、写的实践活动。特别是读，如果不让学生充分地读，那么阅读教学也就失去了应有的意义。

（4）教学方法：要注重启发、诱导。启发诱导是教学中一项重要的原则，广义上也是一种有效的教学方法，与之相对的是灌输式的教学方法。前者注重通过科学的方法和手段促使学生开动思维，通过自己的探索去理解所学内容；后者是教师直接将知识点和答案灌输给学生，学生只能被动地记住结论。

低年级阶段的课文内容是比较浅显的，而且篇幅也比较短。一般要求学生能正确而流利地朗读课文，也就对课文内容形成了基本理解。有一些课文，如古诗词等，理解起来不太容易，学生只要能读、会背即可，对内容的理解不做要求。因此，低年级阅读教学主要是要求学生会读，尤其是朗读。低年级课文教学大体上为分三个步骤：初读、熟练朗读、通过读理解文意。

1. 初读

初读要求读音正确，能用普通话读准每个字的读音，发音清晰，不丢字、不添字、字序正确，读起来字句不重复，停顿准确，不唱读。

初读阶段，学生是否需要分析字形？一般来说，初读阶段学生刚刚感知字形和字义，这个阶段硬去分析字形，往往事倍功半。学生只要能熟读课文，理解大部分字的意思就可以，不需要讲解。一些较生僻的字，可放在"理解地读"这个阶段解决。必须明确，初读是一个环节，一个阶段，不是说只让学生读上一遍课文就算完成了初读的任务。

2. 读熟

熟读要求读流利，朗读要达到通顺流畅的水平。

熟读阶段，教师要做到：①借助多种教学方法，让学生始终对读课文有兴趣。②可在限定时间内让学生反复读课文，挑战一下最多能读几遍。③通过多种形式，检查学生读课文的实际情况，可以点名朗读或进行句段填空等。

3. 理解地读

这一环节主要是要求学生带着感情来朗读课文，在了解了课文的思想感情之后，通过准确停顿、适当语速、恰当语调将情感表达出来。教师在进行这一环节时，要引导学生将朗读、词句理解与体会作者表达的情感结合起来。

这个环节体现的是"以读为主，寓讲于读"，不要求教师特意设置分析内容、讲解内容的环节，只要教师能指导学生带着感情去朗读。指导带着感情朗读的教学过程，实际上也是指导学生体会感情、理解内容的过程。立足于指导学生有感情地朗读，当学生无法读出相应感情时，教师需要点拨，这样既能同时完成理解和朗读的指导，又能避免漫无目的地分析和讲解。需要说明的是，目前不少教师在安排教学顺序时，是先指导学生理解地读，然后再让学生熟读，我们这里的安排为什么正好相反呢？这主要是根据阅读过程的特点，特别是低年级学生的阅读特点来安排的。

一般来说，低年级学生开始读一篇课文时，着眼点主要放在把字读正确上，很少思考文字表达的内容和感情。当他们能正确地读出课文以后，再读的时候，才会慢慢地把语言文字和表达的内容、感情联系起来，读的遍数越多，理解得也就越深入。因此，当学生能把课文流利地读出来的时候，课文里的词句和内容大部分就在自主阅读中理解了，在这个基础上进入"理解地读"，对学生来说，需要解决的就只是个别难点了，这就可以收到事半功倍的效果。如果在学生刚刚能读正确的时候，就指导学生有感情地朗读，可能不少问题都需要教师指点、讲解，效果往往是事倍功半的。需要说明的是，教学顺序并非始终一成不变，可以集合教材内容与学生实际水平灵活地安排，比如一些距离学生生活实际比较远的课文，即使读过多遍，有些内容学生还是不懂，类似这种情况，需要先引导学生大体理解课文内容和文字后，再让学生熟读。

中、高年级阶段的学生已经认识了一定量的文字，形成了一定的阅读能力。这种情况之下的阅读教学，教师应放手让学生进行自读，并让学生在自读后分享自己的见解。中、高年级课文教学的活动顺序大致为：自读自悟；交流讨论；读、背、说、写。

1. 自读自悟

自读自悟环节的要求是：学生可以正确而流利地读课文，能大致了解课文内容，并提出自己无法解决的问题。这个环节大约占据半节课的时间。这个环节的重点是让学生进行自读自悟。至于到底悟什么？不同学生所悟出的内容可以是不同的，但有一些基本的要求：①悟词句，通过深入地读，明白词句表达的含义；②悟思路，明确文章的叙事顺序；③悟内容，从整体上把握文章的内容；④悟写法，了解课文在表达方面的精妙处。需要强调的是，学生通过"自悟"悟出的内容可能不够全面，也可能存在错误，这些都不要紧，引导学生感受读中自悟的学习过程才是关键。

习惯了上课只听老师讲授的学生，可能一直无法接受这种自读自悟的模式。他们习惯了跟着老师的思路走，老师讲，他们听；老师问，他们答；老师让读某一段，他们就读某一段，读完了，就坐在那儿等待老师安排下一个环节。鉴于此，教师开始指导学生自读自悟时，首先，要讲清这样做的意义。其次，要千方百计培养学生自读自悟的习惯与兴趣。最后，要提示自读自悟的方法、步骤。在开始指导学生自读自悟时，可分步骤进行，即将自读自悟环节细分成若干环节，在学生进行每一步之前先明确相应的要求，然后再让学生边读边悟，让学生逐渐学会自读自悟，掌握相关的要领。

自读自悟的教学为教师提出了新要求。当学生在自读的时候，有的老师总是想把自己对于课文的理解灌输给学生，这与自读自悟的教学要求不符；也有部分老师站在讲台上，等学生读完课文，什么也不干，浪费课堂上的宝贵时间。其实，这正是教师帮助学困生迎头赶上的大好机会，教师应发挥引导作用，充分利用这段时间。

2. 交流讨论

此环节要求学生交流读书的心得体会，突破课文的重点、难点部分，训练语感。

小学语文课标提出："提倡在学生读书思考的基础上，通过教师的指点，围绕重点展开讨论和交流，鼓励学生发表独立见解。"组织学生进行讨论和交流有以下作用：①有助于进一步深化学生的阅读感受，提升在语文阅读方面的能力。学生阅读过程中产生的感受常常是朦胧的，在交流的过程中，学生将自己产生的朦胧的感受诉诸语言，会使阅读产生的感受更加明了、具体。这实质上是深化个人阅读感受的一个过程。②将师生双向交流变为师生、生生间的多向互动交流，这样能发挥课堂教学的优势，学生之间可以取长补短，达到互帮互学的目的。③有利于调动学生在学习中的主动性和积极性，使学生对读课文产生兴趣。课堂实践证明，通常学生交流和讨论的内容涵盖了本课的重点与难点部分，而且他们会从不同角度阐明对问题的看法，将这些观点综合起来之后，可能比教师单独讲更加全面。这样学生的阅读能力就能通过合作探究得到有效提高。

学生进行讨论和交流有几点需要注意：①要在读书思考的基础上展开。如果读书不充分，或只读不进行思考，就组织学生集体讨论，学生很可能会乱说一通，根本谈不出有价值的内容。②要有教师的指点。对于讨论、交流的内容，教师要指点；学生讨论、交流中一些好的见解，教师要鼓励；学生讨论中出现一些明显错误时，教师应及时指出并进行更正。③是要围绕着重点、难点来讨论。教师对讨论中偏离重点、难点的，要进行适时、恰当地引导，既不能破坏学生的积极性，又要把讨论、交流的方向引到重点、难点上。

学生的讨论和交流，要兼顾内容和形式两个方面。可以在学生自读前就提出一些基本问题，如本"课主要讲的是一件什么事？""文章是怎样叙述这件事的？""找出一处你觉得写得最好的地方(可以是语段，也可以是词句)，想想好在哪里？""提出一个你反复读反复思考还解决不了的问题"，等等。教师在进行引导的时候，要将可强化学生语感的内容作为重点，让学生仔细去品味、欣赏。对学生在交流中提出的有关语感方面的感受，要给予充分肯定，以便让学生在读书的过程中既注重内容又注重语感。对于学生在集体交流时提出的一些独立见解，尤其是那些与教师的见解、教材的解析以及其他同学的分析不同的见解，应予以鼓励，但对于存在错误的必须纠正。

3. 读、背、说、写

这个环节的要求是积累和运用。

教师这个环节的任务包括：①指导学生感情饱满地朗读课文。可以朗读整篇课文，也可以朗读某一片段，还可以让学生选择觉得最精彩的语段来朗读。②指导学生进行背诵。可背诵全文、片段或语句。③让学生对段落、词语或句子进行抄写、听写与默写。④指导学生按自己的理解复述课文大意。⑤结合课文指导学生进行写作练习。⑥字形分析与书写指导。⑦让学生进行一些有利于积累和运用的练习。上述的各个环节中，有感情地朗读课文、分析生字的字形是不可或缺的，其他各项从课文和学生的实际出发，选择一两项即可。

第三节 阅读教学的内容和方法

阅读教学的具体内容分为词、句、段、篇教学与朗读、默读、复述、背诵等一系列基本阅读技能训练。

一、词语的教学

一般说来，想读懂某一篇文章，必须先读懂文章的句子和段落；而要读懂句子，需要先理解构成句子的所有词语。每一篇课文中都会出现学生没接触过的生词，因此，小学的各个阶段都必须重视词语教学。低年级是培养阅读能力的起步阶段，做好词语教学工作显得尤为关键。

词语教学的内容大致上分为三大方面：①保证学生能正确地读、写所学的词语；②了解词语的意思；③注意词语积累并能在口语和书面表达当中正确地运用。有些词语由暂时不需要掌握的生字组合而成。这样的词语，只要求学生能准确地读出，不强制要求必须会书写。关于词语教学的三方面内容都很重要，但比较而言，重点是准确地理解词义。因为准确理解是正确运用的前提。而且汉字具有一词多义、一字多音的特点，有的字要根据词义才能读准字音。

词语是反映客观事物的抽象符号，指导学生理解词义，就是帮助学生建立起词语和它所反映的事物之间的联系。理解，是指知道词语的意思，并不需要精确讲出词的含义，更不需要背诵词语的准确定义。应根据具体词来选择指导学生来理解词义的方法，常用的方法四种。

1. 直观法

课文中的词语比较抽象。小学生的抽象思维能力较差，以直观的方式来呈现词语，学生就可以凭借具体形象理解词义。比如一个词语代表事物的名称，但学生对这个词语并不熟悉，这时就可以用图片、照片等来直接展示，学生通过观察具象的物体，会对这一词语形成比较清晰的认知，记忆也会比较深刻。

2. 联系上下文

很多时候，可以根据上下文来推测词语的意思。结合上下文来理解词义，这既是学生理解词义时最常使用的一种方法，同时也是学生必须掌握的一项能力。教学时，教师若能经常引导，除了能让学生对词义有更加准确的理解之外，学生还能形成结合具体语境灵活理解词义的基本能力。

3. 联系生活经验及知识积累

学生对事物的认识，不是上小学学习语文后才开始的，他们在生活中已经对很多事物有了初步认识。所学的课文当中的词语反映的事物，有些是学生的日常能够接触到的，因此联系生活的实际情况来理解词义就相对容易。

4. 比较辨析

在词汇教学当中还应注意培养学生准确遣词造句的能力。因此，要找出课文中用词恰当、精准的典型例子，在阅读时引导学生进行比较与辨析。让学生结合语境体会词意，不仅能深化对课文内容的掌握与理解，还能提高学生遣词造句的准确性。

在词语教学中应注意以下问题：

（1）指导学生理解词义，应贯穿阅读教学的整个过程。根据词语的不同情况，处理方式应有所不同。有的词语，在学生通读一遍课文之后教师就指导学生理解。有些词语，学生如果不先弄懂，就会妨碍理解课文内容，很难通过上下文领会意思。大多数词语要在学生自读或讨论交流中指导学生理解。

（2）词语教学的方法在不同年段应有所不同。在低年级，理解词义与识字是紧密联系的。小学阶段要学会2500个常用字，这个识字任务有一半要在低年级完成。低年级课文中的新词几乎都含生字，对这些新词，既要指导学生理解词义，又要指导学生读准字音、写对字形。到了中、高年级，学生的识字量逐渐增加，课文中的新词大多由熟字组成。这些词语学生会读、会写，教学的重点应是准确地理解词义。还有一些熟词在新的语言环境中有了新的意思和作用，也要结合具体的语言环境指导学生准确理解。在低年级，教师要在引导学生理解词义的过程中教给学生理解词义的方法。到了中、高年级，学生已具有一定的词语理解能力，教学时应放手让学生通过自学理解词语，教师进行适当的检查，使学生理解词语的能力在反复实践中得到锻炼和提高。

二、句子教学

在阅读教学中，句子教学是一项尤为重要的内容。认真对待句子教学，有助于提高学生在阅读方面的能力，使学生形成发散思维，不断增加知识积累，提升认识的高度，这在语言运用与表达方面具有重要作用。

句子教学当中涉及的内容分三大方面：①使学生形成"句"的概念，能分辨清楚每一句话；②准确理解句子意思；③通过具体意思知道不同句子之间的关系。句子概念的建立，有一个渐渐提高的过程。一年级刚开始学课文，教师就要带领学生以句为单位朗读，让他们知道读课文要有停顿，每一次较大的停顿，就是一句话。教师应当向学生提出读课文的要求，一句一句地分清楚，不能含糊。接下来要引导学生来认识句子，明白句子是由词语按一定顺序组成的。

句子教学的重点是让学生准确理解句意。一篇课文中包含若干句子，进行教学时，不需要逐个指导让学生理解所有的句子。

因为课文中的大多数句子，学生一读就明白，如果平均使用力气，会影响教学的效率，是一种浪费。另外，从句子之间的关系来看，有主次之分，应当区别对待。

在教学中，教师应重点抓住以下几种句子指导学生准确理解：①内容和学生的生活有较大距离，理解起来存在困难的句子。②结构较为复杂的句子。③意思难懂的句子。有一些句子字面是一种意思，其实还包含着更深层的意思，如果不经过反复读与思考，领会起来相对困难。教师要引导学生通过文字的表面意思体会深层的情感表达。④对表现文章的思想内容有较大作用的句子。这类句子概括性较强，含义丰富，在文中具有画龙点睛的作用。教师要指导学生理解这类句子，有助于深入理解课文的思想内容。

以上几种句子，从学生理解的角度来说，都可以叫作难句；从教材的角度来说，有的可以叫作重点句。这四种句子有时候还呈现出交叉现象。有的句子不仅含义深刻，又在思想内容的表现方面有很大作用。在教学中，教师对这些句子应当予以重视。

阅读教学中最常用的指导学生理解句子的方法有两种：一是结合上下文，二是联系生活实际。

1. 指导学生根据上下文来理解句子

就是把句子与上下文意思有关的句子结合起来，体会句子意思。有一些句子具有概括全文的作用，有的句子照应了课文中的部分内容，还有的句子的意思在课文的前后内容中有所体现。

2. 指导学生结合生活理解句子

学生对于句子的理解是从已知发展至新知的一个过程，引导学生针对已知、新知构建联系，这样有助于理解句子表达的情感。句子所表达的虽然是作者个人的情感，但人与人之间的思想感情大多数情况下是相通的，教师找到有效的联结点，就会使学生的思想与作者的思想产生共鸣。有些句子需要结合时代背景来解读。有的句子，是因为不理解其中的某一个词而影响对句子的理解。有的句子结构比较复杂，就要运用抓主干的方法。教师要依据句子的情况用不同方法指导学生进行理解，并使学生学到一些实用的方法，提高理解能力。

句子教学在小学各个年级都应十分重视，要在每篇课文的教学中落实。句子教学要注意的问题：①不同的年段有不同的要求。低年级主要是学生建立句子概念，能够理解内容和结构相对简单的句子。中、高年级要指导学生学会理解比较复杂的句式和内涵较为深刻的句子。②让学生认识各类句式，让他们在具体语境中了解句子的特点，不需要讲语法和修辞方面术语。对这些句子，不要讲转折复句、假设复句之类的术语。因为在小学阶段，结合语言环境理解，有利于学生真正地读懂句子，而读懂句子之后再去理解课文内容，也便于学生积累各类句式。

三、段落的教学

段是由句子组成的，是构成文章的意义单位。在形式上，另起一行并空两格再书写的就是一段，也称自然段。段落教学指的是自然段教学。段的教学既能进一步提高学生理解词句的能力，又能为篇的教学奠定基础。

段的教学的内容包括三个方面：①认识自然段，知道一段的起止，段落中共有几句话。②理解段内每一句话的含义，知道句子之间的内容是怎样联系起来的。③明白几句话连成一段之后的主旨，即把握整段的大意。这三个方面的内容大多在低年级的阅读教学中已经渗透，其中的第一项，通过低年级的教学应该达到要求。低年级教一篇课文，要引导学生从分段书写的形式上找到自然段的始末位置，标出每个自然段的序号。让学生从语言现象的具体感受中认识自然段，知道一个自然段一般是由意思上有联系的几句话组成，有时一句话就是一段。到了中年级，应注重提高学生对于自然段的理解能力。

有的自然段只有一两句话，内容比较简单，学生只要读懂了句子，也就理解了段的内容；有的自然段包含的句子比较多，学生把每句话读懂了还不一定能理解这一段的主要意思。教学时，就要抓住这样的段，教给学生理解自然段的方法，培养和提高学生理解自然段的能力。段是一个相对完整的整体。因此，段落的教学通常按照"整体—部分—整体"的方法，先通读整段，了解段的主要内容，然后对每一句话进行细读，明白每句话的主要内容，明白句与句在内容上是如何形成联系的，最后读全段的内容，根据句子间的联系，把握段的内容。一个学期内主要指导学生掌握几个典型段落。采取以上方法让学生练习，使学生掌握读懂段落的步骤与方法就算达到了教学目标。

四、关于篇的教学

阅读教学的篇章教学主要是为了让学生掌握全面理解文章思想的方法，逐渐能够独立阅读。

篇的教学在学生能够理解词句、读懂自然段的基础上进行，内容主要包括五方面：①理解课文主要内容；②明白文章的叙述顺序；③体会文章的思想感情；④领悟语言表达所用的方法；⑤积累习作材料。

1. 指导学生把握课文主要内容

把握课文的主要内容，是读懂课文的重要标志。对有一定阅读能力的人来说，拿来一篇一般的文章，读上一两遍，就可基本把握文章的主要内容。这主要靠的是在长期阅读中逐步形成的语感（也有人把它叫作文感）。对于还不具备初步阅读能力的小学生来说，显然还达不到这样的程度。在这种情况下，可以引导他们在阅读实践中逐步悟出一些把握文章主要内容的方法，如课题扩展法。有一些课题对课文主要内容作了高度概括，只要针对课题提出相应问题，并让学生通过阅读与思考来回答这些问题，就能够把握课文主要内容。带着这些问题认真读书，把这些问题的答案归纳起来，就是本课的主要内容。再如，重点段落与全文联系的方法。有些课文的重点段很明显，把握住重点段落的主要内容，再与课文的其他部分相联系，就可综合把握全文的内容。

教师要根据课文的不同特点，指导学生运用不同的方法把握课文的主要内容，使学生在实践中学到把握课文主要内容的不同方法，并通过反复运用，逐步熟练，形成能力。学生把握课文的主要内容，要防止两种倾向：一种是过于简单；另一种倾向是过于繁琐，将课文的全部内容复述了一遍，这表明学生还分不清主次，不明白哪些是主要内容。出现上述两类情况，一方面是因为学生还不懂怎样把握课文主要内容，另一方面是因为学生还没有准确理解课文内容。老师要分析学生的具体情况，根据实际情况来指导。

2. 引导学生揣摩文章的表达顺序

文章的表达顺序，是作者思路的外在显现。叶圣陶先生说："作者思有路，遵路识斯真。"可见，了解作者思路，是把握文章的主要内容、了解其写作意图的一个重要环节。不同类型文章的表达不同，即使是同类文章，由于写作内容与意图不同，表达的顺序也是千差万别的。教师引导学生学习文章的表达顺序时，要让学生自己揣摩，而不必向学生直接讲文章的表达顺序。教师的任务是启发学生自己去揣摩，在他们自己揣摩以后，再让学生互相交流，并对他们的学习成果给予充分肯定。

3. 指导学生领悟文章中的表达方法

此处所讲的表达方法不是指一般意义上的"表达方式"。一般的表达方式是指抒情、叙述、议论、说明和描写等。这里讲的表达方法，比一般讲的表达方式的外延宽泛得多，它包括表达涉及的各个方面。对小学生而言，对其领悟表达方法的要求不应太高。学生只要能悟文章表达方面的突出之处就行，重点应放在遣词造句上，如词语运用和句式选择等。学生能体会到哪些词句表达得准确，哪些地方写得好，就是有了收获。让学生领悟表达方法，并不是让老师去讲写作特点。注意，这里强调的是"领悟"，老师指点一下是必要的，但主要是让学生自己去领悟。领悟表达方法的主要途径是多读。学生只有充分地读，在读的时候进行思考，才能悟出文章写得好在何处。

4. 指导学生积累语言材料

语言教学既是词句教学的重点，也是篇章教学的重点。这是因为，语言的积累包括词、句积累，也包括段、篇积累。实现语言材料积累的主要方法有赏析、熟读、背诵。

五、朗读指导的方法

要让学生学会正确地朗读，教师要对学生提出严格的要求，又要针对学生的情况具体指导。学生学习朗读时，不管是指名读还是齐读，教师都必须在读前明确朗读的要求，在读后按要求进行检查。学生在朗读中容易出现丢字、添字、停顿不正确、重复、唱读等现象，教师要对这些现象进行具体分析，然后分别加以指导。

在阅读教学中，教师要多为学生提供朗读的机会。使朗读训练、理解课文的学习任务实现有机结合，在理解课文大意之后朗读，以朗读的方式进一步加深对内容的理解。指导朗读的方式主要有下列几种：

（1）范读，就是进行示范性的朗读。可由教师范读，也可以让学生听朗读磁带，还可以选择班级中朗读水平比较高的学生来范读。小学生的模仿能力强，这样范读利于学生通过模仿掌握正确的朗读方式。

（2）领读，是教师带着学生读。若学生的朗读水平较低，教师需要逐句领读。遇到较长的句子，可先把句子按照合理的停顿分成几部分，读几遍之后再读整句。领读一般用来帮助学生读得正确、流利。

（3）齐读，是全班的同学或小组的所有同学一起来读。齐读可以使学生有较多的机会进行朗读，有利于训练学生的字音、停顿的正确性。但是齐读很难边读边思考，也容易演变成唱读，所以不宜过多地采用。

（4）个人读，分为自由读与指名读。自由读是全班学生在同一时间朗读一篇课文或其中的一段内容，不是齐读，而是按自己的节奏朗读。这种方式的优点是全体同学都能得以练习，还可以在朗读的同时体会和理解课文。指名读便于对学生在朗读中出现的具体问题进行分析和指导。指名读要尽量多覆盖学生，使各个层次的学生都能当众朗读并得到老师的指导。

（5）分角色朗读，由多名学生按照课文中的角色分别读出人物的语句或旁白。低年级的学生很喜欢这一朗读形式，有利于学生深化对课文的理解。

（6）引读，就是教师通过引读导语来引导学生读出课文中相关的部分。引读导语可以是教师根据需要设计的，也可以是课文中的一句或几句话。引读能帮助学生理解和掌握课文内容，弄清课文的行文顺序和层次关系。

（7）轮读，就是轮流读。可以是个人轮流读、小组轮流读，或男生和女生轮流读。这种方式有助于激发学生对朗读的兴趣。

上文提到了几种朗读指导方法，教师要根据实际情况选择最合适的方法，要注重方法的时效性，不要为了体现教学方法的多样性而忽视了实际的朗读教学效果。

六、默读指导

小学阶段要使学生达到熟练默读的程度，具体要求包括以下几个方面：①读的时候不出声、不动唇、不指读；集中精力进行默读，读的时候要勾画、批注。②能依据阅读要求来读课文，理解课文的内容，领会其中的思想感情。③能运用各种阅读方法，适应各种要求。④要保证速度，高年级的学生默读时每分钟读的字应不少于300个。

1. 在学生具有一定朗读能力的基础上指导其逐步掌握默读技能

小学阶段，默读和朗读的关系十分密切。小学生默读能力和习惯的形成，一般经历两个阶段：小声读阶段与无声读阶段。小声读阶段，嘴唇不断微动，口中发出轻而急促的声音。这时，学生还不能通过视觉从书面语言中理解所表达的内容，一般需要读出字音，才能领会。朗读的模式仍在默读中起作用。小声读阶段，是由朗读向默读过渡的阶段。无声读阶段才是真正的默读阶段。根据这样的发展过程，教学时，首先要加强朗读训练。在学生具有初步的朗读技能的基础上，不失时机地开始默读的训练，让学生较快地度过小声读阶段。一般从二年级开始指导学生默读课文。可以在一年级第一学期重点进行朗读训练，在第二学期有意识地将大声朗读与小声朗读结合起来进行训练，一步入二年级，就要开始训练学生进行默读。

2. 指导学生一边读一边想，逐步训练默读的"三到"

小学生默读课文时容易出现下列现象：①漫不经心，匆忙读一遍就结束了，不开动脑筋；②只求了解字面意思，满足于大体上懂得句子意思；③只了解课文主要内容，而不体会课文中的思想感情。学生不能通过默读深入地理解课文。所以在默读训练中，教师要重视指导学生在默读课文时集中精力，边读边想，做到默读的"三到"：眼到、心到、手到。眼到，就是看清每一个字；心到，就是集中注意力，一边读一边想，能对文章中的词句进行综合性的分析，理解词句意思以及词句内在的联系，并能积极提出无法独立解决的问题。为了训练学生"心到"，在读前，教师可提出要求，让学生带着问题去读，读后及时检查学生的理解程度，或让学生回答默读前提出的问题。手到，就是训练学生边读边动笔。中年级学生可以边读边画出重点词句，或标出自己不懂的问题。到了高年级，可以做些简单的批注。学生边读边动笔，能促进思考，提高默读效果。

3. 逐步提高学生的默读速度

默读能力分为两方面：①能够准确理解思想内容；②有一定的阅读速度。在小学高年级，要重视提高默读速度的训练。为提高学生的默读速度，可以提出要求，让学生在限定的时间内默读课文，然后检查默读的效果。这样不断地训练，就能使学生逐步做到眼睛看得快、脑子想得快。

4. 指导学生学会浏览

浏览也是一种默读方式，但其目的与一般的默读不同，因此具体的读法也和一般默读不一样。浏览多用于收集材料。针对小学生来说，举办一次主题班（队）会，准备一次语文活动等，可能都要求学生先收集有关材料，而这些材料往往是这本书里有一点，那篇文章里有一点。收集资料不用细读，从文章、书籍中找到自己要用的材料就行。训练学生浏览，最好结合实际活动进行。如举办一次以保护环境为主题的中队活动。活动前，老师就可安排学生收集有关环境保护的材料，收集到以后，根据这些材料编写出各种形式的节目。这样就把收集信息和应用信息结合起来了。

七、复述指导

复述是让学生用自己的语言叙述课文内容。复述可加深学生对课文的理解，也能提高学生的语言表达能力。在阅读教学中，要重视复述训练。

1. 不改变原意，又能突出重点

复述要在了解文章的主要内容及其传达的思想之后才能进行，要严格按照课文原意，即使是创造性复述，也要以原文为依据。但是，复述是有选择的叙述，即使是详细复述，也应该突出重点。

2. 在组织语言时要恰当地使用文章中的语言

复述并不是背诵课文，而是要用自己的语言表达文中的词语和句子，能连贯地叙述课文的大概意思，并能表达课文的思想感情。

3. 用普通话复述课文

复述是让学生的语言实现规范化的一个有效方式，复述要用普通话，做到读音正确，语调合适，声音响亮，口齿清楚。

1. 详细复述

这是一种与课文原文非常接近的复述方式。要求学生详细叙述所学课文的内容，叙述时要多用文中的词句。详细复述能让学生在阅读课文的时候更加细致，锻炼其记忆力、思考能力和口语表达能力。低年级和中年级会较多地采用这一复述形式，一般会选择一些篇幅短的文章，摘取文中的精彩片段让学生复述。

2. 简要复述

概括地说明课文内容。要求学生按课文的顺序来叙述，复述的时候要将文中重要的词句表达出来。简要复述是在学生全面概括课文的基础上进行的，能反映出学生对于文章的理解程度以及学生概括、综述的能力。中、高年级采用简要复述较多，宜选择篇幅较长、情节较复杂的课文。指导学生简要复述，可先编好复述提纲，不过提纲要简明扼要，能起到帮助记忆的作用就行。根据课文的不同内容，复述提纲有不同的组织方式。

3. 创造性复述

学生立足于课文内容，充分发挥自己的想象力，灵活组织语言来复述。它的优点是可以促进学生创造性思维的发展，培养学生的想象力，同时也能能锻炼学生的语言能力。创造性复述，有的是改变作品的表现方式，如改变人称的复述，把对话改为叙述的复述；有的是改变作品的体裁，如把诗歌和剧本改用故事的形式进行复述；有的是改变作品的结构，如本来是倒叙的写法改用顺叙复述；有的是增删作品的内容，如让学生发挥想象力，增添一些情节或减少某些细节等。无论进行哪一种创造性复述的训练，在复述前都要让学生反复朗读或默读课文，深入理解课文的思想内容。学生复述时，教师要注意倾听，发现优缺点及时记下，尽量不打断学生复述的思路。复述后，及时组织评议，必要时可让学生再复述，使每次训练都具有实效。

八、背诵指导

课标明确规定小学阶段"背诵优秀诗文不少于 240 篇"，并对各年段应背诵的篇数做了具体规定。对教材中提出的要求背诵的诗文，每个学生都应达到正确、熟练背诵的程度。对于已经会背诵的课文，还应经常巩固复习，做到熟记于心，防止遗忘。

指导学生练习背诵要遵循记忆规律。

1. 在理解之后再熟读成诵

理解是背诵的基础。这里所说的"理解"，指的是基本理解，不是指理解深透。特别是古诗，要让学生理解深透，不仅小学阶段不可能，到中学时也不一定能做到。需要特别强调的是，背诵要建立在熟读的基础上。读都还没读通，就让学生练习背诵，即使勉强背会了，也会很快忘掉。

2. 帮助学生在记忆课文时构建内容的联系点

课文中的语言单位，如重点的词语、关键句、过渡句与过渡段等，都可以作为记忆课文的联系点。要启发学生学会寻找记忆的联系点，使之成为帮助自己记忆的凭借。

第四节　不同类型课文的教学

目前的小学语文教材，一般都有精读课文和略读课文，有的教科书还设置了"看图学文"。不同类型课文的教学要求有所区别，所用方法也应该是不一样的。

一、精读课文教学

精读课文类似于长期以来一直沿用的"讲读课文"。把"讲读"改为"精读"，反映了教学思想的变化。"精读"显然是从学的角度来说的，而"讲读"，则是从教的角度来说的。提到讲读课文，首先想到的是老师的讲，虽然不一定是以讲为主，但至少应该是既讲又读，讲、读平分秋色。而"精读"则不然，提到精读课文，首先应该想到的是学生的读，虽然它并不排斥教师的讲，但至少应该是以读为主。可见，"讲读"和"精读"，一字之差，必将引发教学思想、教学方法的一系列变化。

精读课文的教学具有下列显著特点：第一，它强调教师的指导。教师的指导包括多方面的工作，大体上有以下几个方面：①激发学生的读书兴趣，调动学生自主学习的主动性、积极性；②设计、组织、调控整个教学过程；③提示阅读要求，指点读书方法；④通过示范、点拨和精要的讲解，解决学生读书中的疑难。第二，它强调学生自主的精细研读。这就是说，精读课文，不是读上一两遍大体知道讲的是什么就行了，而是要精心地读，细细地品味。要做到这一点，就必须引导学生进行充分阅读。第三，它强调阅读能力的全面培养，包括对课文内容的理解，体会思想感情，领悟文中的表达方法，进行语言素材的积累，练习朗读、默读、复述、背诵等。当然，这并不意味着每一篇课文的教学都要做这些工作，但有一些是必做的，如理解内容、体会感情、语言的学习和积累、朗读、默读等。

根据精读课文的教学特点，教学时要特别注意的是：突出重点，导读结合，渗透读书方法。

1. 突出重点

一篇课文当中的教学内容是十分丰富的，是对词、句、段、篇以及听、说、读、写方面的综合训练，教学中绝对不能平均发力，而是应该有所侧重。首先，要根据年段特点，使训练呈现阶段性特征。低年级重点训练词、句与朗读，注意默读和复述训练。其次，要处理好重点与非重点。每个年段都有重点，每一课也应有重点。重点、非重点是可以相互转化的，本节课的重点到下一节课可能就成了非重点。教师应考虑学生已获得的知识和已形成的技能，充分利用已经获得的知识、技能继续学习新重点。最后，要做到重点同一般结合。像词语和句子的教学、朗读和默读、复述和背诵的指导等，不管是中年级还是高年级，都要给予足够的重视。

2. 导读结合

过去的倡导"讲读结合""讲练结合"，现在改为"导读结合"。这里涉及一个根本的问题，即语文教师在教学中的关键任务究竟是"讲"是"导"？对这一问题，叶圣陶曾提出："我认为教师教语文，无非是引导学生练习看书作文的本领。""教师当然须教，而尤宜致力于导。""教课之本旨并非教师讲一篇课文与学生听，而是教师引导学生理解此课文，从而使学生能自观其他类似之文章。""所谓教师之主导作用，盖在善于引导启迪，使学生自奋其力，自致其知，非谓教师滔滔讲说，学生默默聆受。"这些论述贯穿着一个精神，即语文教师在教学中的应发挥"导"的作用。

3.渗透读书方法

指导学生掌握基本的语文学习方法，并鼓励他们采用适合自己的方法学习，逐步提高自学能力，是教师在阅读教学中的一项重要任务，因为只有学生学会学习，才可能有真正意义上的"自主学习"。在精读课文的教学中，教师不应当满足于学生得出正确的理解、说出正确的结论，还要引导他们说出这样的理解、这样的结论是怎么得出来的，使学生从中悟出一些学习方法。需要注意的是，指导学生掌握学习方法，并不是由教师生硬地讲述、灌输有关读书方法的知识，主要的途径应该是渗透。所谓"渗透"，就是在学生的阅读实践中，教师有意识、有计划地通过实例让学生从感性上接触某种读书方法，再逐步地从更多的同类实例中领悟、理解这种方法，进而反复运用，掌握这种方法。

精读课文的教学，要渗透"基本的语文学习方法"。基本的语文学习方法包括的范围很广，诸如学习词、句、段、篇的基本方法，朗读、默读、背诵、复述的基本方法等。

二、略读课文的教学

略读是与精读相对的概念。同精读教学相比，略读教学有以下几个特点：①教师的指导不必太细致。一般教师的指导主要是在学生自读前激发读课文的兴趣，提出基本要求；在学生进行自读时巡视辅导；在学生完成自读之后，再组织交流和讨论，适当进行指点，并做小结。②学生阅读要认真，但不必精读细研。一般基本读懂课文，能流畅、正确地朗读课文就行。

根据略读课文的教学要求和教学特点，略读课文的教学一般可采取下列方法：提出要求，自读自悟；检查交流，适当点拨。

1.提出要求，自读自悟

首先，应有明确要求。学生明确了目标，思维就会活跃起来，就有了读的积极性，就会主动地阅读。提出要求的作用还在于促使学生运用从精读课文学习中学到的方法，主动地阅读新课文，培养阅读能力。因此，教师提出的要求必须明确、具体，还要注意适量和适度。在一般情况下，可将课本中的阅读提示作为主要依据。其次，在学生明确要求的基础上，要放手让他们自己读、自己悟。因为运用已有的知识解决问题，必须靠学生自己，别人是代替不了的。教师要给学生充分的时间，让他们根据教师提的要求自己读书、思考，或者查阅字典，或者圈、点、画、批，或者同桌互相讨论。在自读自悟的过程中，教师要巡视辅导，了解情况。

2. 检查交流，适当点拨

教师要组织检查与交流，根据具体情况适当进行辅导。通常检查交流的内容包括：①学生读课文是否正确、流利；②是否读懂了课文大意；③就一两个重点的或普遍感兴趣的问题适当进行讨论，教师参与讨论，并根据讨论情况适当引导点拨。

三、看图学文的教学

看图学文是精读课文的一种特殊形式。作为精读课文，它要求培养学生的阅读能力；作为一种特殊形式，它还要求培养学生的观察能力和形象思维能力。因此，看图学文的教学要求是：培养学生的观察能力、形象思维能力和阅读能力。看图学文教材由形象生动的图画和说明图意的短文组成。可见，图文结合是看图学文教材的一个显著特点。看图学文，把文章当中抽象的文字变成生动的画面，让学生更容易理解。

看图学文的教学，通常所采取的方法是：从图到文，图文结合，以文为主。

在进行图文对照时，充分发挥图文互补的优势，既培养了学生的观察能力，又提高了他们的理解能力。需要明确指出的是，看图学文中的"看图"，不同于美术作品欣赏。看图学文的"图"，除了有培养学生观察能力和想象能力的作用而外，很重要的一个作用是帮助学生理解课文。因此，在整个图文对照的过程中，要以学文为主，参照图画，而不能不分主次，更不能以看图说图为主。

第五节　不同体裁课文的教学

体裁不同的文章，其结构形式、语言表述上的特点也不同。小学的语文教材根据各年段学生的实际情况编入了体裁多样的课文，目的是让学生了解丰富多样的语言，并使学生逐渐接触各种文体，为学生独立阅读各种文体的作品打下一个初步的基础。这些不同体裁的课文，在教学上有共同之处。因此，我们在前面谈到的阅读教学的基本原则和主要方法都能适用。但是，由于各种文体的形式有所不同，在教学上必然也有不同之处。下面着重谈谈小学课本里叙事性作品、说明性文章、诗歌的教学特点。

一、叙事性文章的教学

小学语文教材中的叙事性作品一般文质均美，结构简单且严密，语言文字准确、鲜明、生动，是培养学生读写能力的优质素材。根据叙事性作品的特点和小学语文教学目的的要求，在教学中应注意以下几点：

（1）通过语言文字，理解思想内容。任何一篇文章都要表达一定的思想内容。叙事性作品的思想内容蕴含在语言文字之中。因此，教学叙事性作品要注意引导学生通过语言文字理解文章的思想内容。

（2）厘清作者的思路。一篇叙事性作品，不仅承载着丰富的思想内涵，而且还呈现出了作者在表达思想时的思路。为了让学生明白文章的思路，不断提高阅读的能力，就要在教学中指导学生按作者思路来理解内容，训练学生的逻辑思维能力。

（3）学习作品的语言。叙事性作品的语言，包括叙述、描写、说明、议论与抒情五类基本表达方式。这五种表达方式是书面写作和社会交际经常使用的。因此，在叙事性作品教学中，教师要引导学生学习语言。选入小学课本的叙事作品包括一些文学作品。教材中录入文学作品，除了让学生感受作品中生动的形象外，另一个重要目的是感受和学习文学作品中优美的语言。教学时要重点引导学生体会形象、学习语言，使学生学会阅读，能够准确地表达思想。

学习语言必须多读。篇幅短的精练文章学生应该熟读成诵，篇幅长的也要选取精彩的段落，让学生反复地诵读。还可通过练习帮助学生积累词汇，掌握句式，学习各种表达方法。

二、说明性文章的教学

说明文是介绍事物的文章，以"说明"作为主要的表达方式。在小学的语文课本当中，说明性文章占了相当大的比重。这些文章大部分都是科学知识类的说明文，主介绍自然、生物、历史、地理等领域的知识，所以也称常识的性课文，如《太阳》《鲸》《赵州桥》等。这类课文作为语文教材，承担着双重任务：①让学生增长见识，实现科学的启蒙教育；②开展语言文字的训练，培养学生理解说明文的能力，学习说明文的语言与说明事物的具体方法。

说明文教学要运用直观的教学手段，保证学生能够读懂课文内容。同时，还要扩展学生的思维，培养其观察能力。此外，从学习语文的层面来说，还要注意两点：

（1）学习说明类文章的语言与表达方法。说明性文章语言准确、简洁、通俗易懂。说明性文章教学中要注意抓住语言的这些特点，让学生明白用词确切才能够准确反映事物。引导学生领会语句间逻辑上的严密性，了解说明事物有多种方法。

（2）了解文章表达顺序。说明性文章内容的层次比较清晰，行文结构相对固定。要说明事物的构成就按构成的顺序来写；为了说明事物的功用就会按照主次顺序进行描写；要说明事物的发展过程，会按照时间的先后顺序来写；说明相对复杂的事物，会将整体的内容分成若干方面，或者按照方位顺序来写。因此，在实际的教学中过程当中，教师要让学生了解课文是如何提出问题的，又是按照何种顺序来进行说明的，进而了解这类文章在结构上的特点。

三、诗歌的教学

诗歌的特点在于语言凝练，节奏鲜明，韵律和谐。根据诗歌的特点和学生的认识水平，教学诗歌应该做到：理解和学习语言，启发想象，加强诵读。

诗歌的语言不仅具有鲜明的形象性，而且极其凝练和准确，这对发展学生的语言能力很有帮助。教学诗歌，要抓住含义深刻、感情色彩强烈的词句，引导学生理解体会，领悟蕴含在语言文字中的道理和作者的思想感情。古诗的教学要从学生的实际出发。引导学生通过朗读大体了解诗歌的内容，想象诗歌所描述的意境，体会诗歌所表达的思想感情，不必做过细的讲解，更不要逐字逐句地讲解。诗歌教学要注意抓住作者的构思和语言，特别是诗里的警句和妙语，引导学生领悟作者遣词造句的精当，从而学习诗歌的语言。

诗人凭借丰富的想象，运用比喻、拟人、夸张等手法，创造出生动的艺术形象，表达出强烈的思想感情。在教学中要引导学生想象，使诗情画意在学生头脑中形成画面。这样，才能使学生领略到诗的意境，受到熏陶感染，并促进想象力的发展。由于诗的语言有较大的跳跃性，教学时要注意启发学生通过想象把其中的空白填补起来，或者凭借想象加以连缀，从而获得完整的形象，体会到诗歌的思想感情；用比喻和拟人的方法写成的诗句，需要引导学生想象比拟的事物和被比拟的事物在形象上的联系。用夸张的手法写成的诗句，需要让学生想象出通过夸张所表达的激情。还有许多诗句写得很含蓄，就更需要引导学生借助想象来体会它们的深刻含义。

诗是有声的画。有感情的朗读有助于学生理解诗中的图景和情感，帮助学生体会诗的音乐美，增强诗的教育效果。同时朗读也是学习诗歌语言的主要手段之一，与默读相比，朗读时学生更容易进入意境，领略诗歌语言的特点。指导朗读要着重两个方面：①体会诗歌的思想感情；②掌握朗读的技巧，包括重音、停顿、速度、语调等。指导朗读应从理解思想内容和体会思想感情入手。教师的范读也很重要，学生可以从教师的范读中展开想象，领会诗的意境，学习朗读的方法。古诗的朗读虽然不必向学生介绍有关格律的知识，但也要通过指导让学生读出古诗的韵律来。诗歌大部分要求背诵，有的还要求默写。背诵前应先引导学生有感情地朗读，在朗读中逐步达到背诵。

第六节　阅读教学应注意的问题

进行阅读教学，要端正教学思想，改进教学方法，提高教学效率。为此，要特别注意以下几点：

一、使学科的工具性、人文性相统一

语文课程最基本的特点就是工具性与人文性的统一。工具性决定语文教学主要的目标是培养学生理解和运用语言文字的能力，即听、说、读、写的能力；人文性要求语文教学要培养学生的崇高理想、高尚品格及审美情趣，使学生的人格健全、心理品质健康。阅读教学通过一篇篇课文完成教学任务，而任何一篇课文都是语言形式和思想内容的统一体。语文教师引导学生学习一篇篇课文，着眼点固然主要应该放在语言文字的教学上，但事实上，语言形式是不能脱离思想、感情独立存在的，任何语言形式都是为内容服务的，离开文章的思想、感情，根本说不清语言形式的好坏。单就阅读而言，无论是谁，读任何一篇文章，只要真正读了，那么，他所感受到的就不仅仅是语言文字这种外在的形式，同时也必然受到蕴含在语言形式内部的思想、感情的影响。可见，工具性和人文性在阅读教学中是统一的。教师的任务不是去额外加什么东西，而是坚持这二者的辩证统一。

怎样坚持工具性和人文性的统一呢？新课标指出："在语文教学过程中，教师要根据教材特点和学生实际，使学生潜移默化地受到熏陶感染，提高思想认识，陶冶道德情操，培养爱美的情趣。"这里的"在语文教学过程中"，指的是在指导学生理解语言和运用语言的过程中。就阅读教学而言，主要指的是在引导学生读书的过程。这就是说，语文学科的人文教育是在指导学生理解语言文字和运用语言文字的过程中进行的，阅读教学的人文教育是在引导学生读书的过程中，同指导学生读书同步进行的，主要方式是"潜移默化"和"熏陶感染"。

二、发扬教学民主，使学生真正成为语文学习的主人

语文教学，是教师指导学生理解语言文字和运用语言文字的过程。在这个过程中，离开教师的"教"，固然不称其为"教学"；离开学生的"学"，也同样不称其为"教学"。可见，在教学中，教与学两方面是互相依存、互相制约、不可分割的关系。但教学过程是以"学"为归宿的，强调学生是语文学习的主人。因此，要将学生真正放在"学习的主人"的位置上，教师必须改变观念，在教学中充分发扬民主。

第八章　小学语文作文教学

作文教学的任务是在教师的指导下，有计划地培养学生语言文字的表达能力。语言文字的表达能力分口头表达能力和书面表达能力两种。口头表达能力就是说的能力，书面表达能力就是写的能力。对于"说"的训练，前面已做了阐述。这一章作文教学，专门研究"写"的训练的问题。

第一节　作文教学的意义和要求

一、作文教学的意义

作文教学是小学语文教学的重要组成部分，也是为全面提高学生素质打基础的一项重要工作，它对小学生的发展具有重要意义。

书面表达能力和口头表达能力一样，都是每个人一辈子生活、学习、工作不可缺少的本领。书面表达较之口头表达，更具简洁性、严密性、准确性。我们往往碰到或听说这样的情况：讲话人讲了一番话，听众反映不错，可是根据录音一字不漏地整理出来一看，就发现有些地方重复、不连贯，甚至有些语句不大通顺。这些毛病在听的时候并没有明显感觉到。这是什么原因呢？主要是在口头讲的时候，听的对象就在眼前，有当时的语言环境，讲话人还可以用声调、手势来帮忙，而一旦写成文字就不同了，语调、手势不能借用了，全要靠文字来表情达意。作文教学的特定任务，正是要培养学生运用恰当的文字来进行表达的能力。具备了这种能力，学生将终生受益。

学生作文所表达的是自己的所见所闻、所思所感。作文的这些内容都是观察和思维的结果。学生在表达的过程中，无论是选择安排材料，还是组织语言、用词造句，都离不开观察和思维。在作文教学中，教师引导学生留心周围的生活，观察自然，观察社会，鼓励学生用自己的眼睛去看，用自己的脑去想、去体验，就能极大地激发起学生的求知欲和好奇心。这样他们才能在平凡的生活中有所发现，产生联想，在作文中真正写出自己的所见所闻、所思所感。他们的求新求异的精神和创造性思维能力也会得到发展。

作文并不是单纯的文字练习。我们从学生的作文中，不仅可以看出他们的语文水平，而且可以看出他们认识的高低。鲁迅曾经说过："美术家固然须有精熟的技巧，但尤须有进步的思想和高尚的人格。他的制作，表面上是一张画或一个雕像，其实是他的思想与人格的表现。"小学生的习作，同样也是用语言文字表达他们自己对客观事物的认识和感受，同样也反映了他们的"思想与人格"。透过学生的作文，教师可以了解学生的内心活动，把握学生的思想脉搏，从而有针对性地因势利导，逐步提高学生的思想认识水平，把教学生作文和教学生做人紧密地结合起来。由此可见，作文教学是书面语言表达能力、观察思维能力和思想认识能力的综合训练，它可以促进学生的表达能力、创造性思维能力和认识能力的统一发展。我们要全面认识作文教学的意义，使作文教学在全面提高学生的素质中充分发挥作用。

二、作文教学的要求

新课标对小学作文教学的要求做了明确的规定。在"教学的总目标与内容"及"教学实施建议"中提出的作文教学要求是："能具体明确、文从字顺地表达自己的见闻、体验和想法。能根据需要，运用常见的表达方式写作，发展书面语言运用能力。写作教学应贴近学生实际，让学生易于动笔，乐于表达，应引导学生关注现实，热爱生活，积极向上，表达真情实感。

在写作教学中，应注重培养学生观察、思考、表达和创造的能力。要求学生说真话、实话、心里话，不说假话、空话、套话，并且抵制抄袭行为。为学生的自主写作提供有利条件和广阔空间，减少对学生写作的束缚，鼓励自由表达和有创意的表达。鼓励学生写想象中的事物，加强平时练笔指导，改进作文命题方式，提倡学生自主选题。

写作教学应抓住取材、构思、起草、加工等环节，指导学生在写作实践中学会写作。重视引导学生在自我修改和相互修改的过程中提高写作能力。要重视写作教学与阅读教学、口语交际教学之间的联系，善于将读与写、说与写有机结合，相互促进。要关注作文的书写质量，要使学生把作文的书写也当作练字的过程。积极合理利用信息技术与网络的优势，丰富写作形式，激发写作兴趣，增加学生进行创造性表达、展示交流与互相评改的机会。在高年级的习作要求中还提出"能写简单的记实作文和想象作文，内容具体，感情真实。能根据内容表达的需要分段表述。学写读书笔记，学写常见应用文""课内习作每学年16次左右"等。

把上述规定联系起来学习领会，可以看出大纲提出的小学作文教学的要求，主要包括两个方面的内容：

（1）培养学生书面语言的表达能力。新课标规定小学生要学写简单的记实作文和想象作文，读书笔记、书信等常见应用文。"记实作文"，是写实实在在的人、事、物、景；"想象作文"，是写自己想象甚至是幻想的内容。习作的要求是"内容具体，感情真实，有一定条理，语句通顺。""内容具体"，就是不说空话。"感情真实"，就是不说假话。想象作文虽然写的是想象和幻想的内容，但也应确实是自己之所想，表达的是自己的真情实感。"语句通顺"，就是每句话要通，一句一句要断得开，连得起来。"有一定条理"，就是叙述大体上有个顺序。"每学年16次左右的习作"，还体现了思维比较敏捷和作文有一定的量和速度。

这些都是书面语言表达的最基本的要求，小学作文教学要在这些方面打下扎实的基础。过去的小学作文教学一直要求学生的作文"有中心"，修订版课标删去了"有中心"这一要求，其目的有二：①为了放手让学生在作文中说真话，吐真情，写自己想写的内容；②为了突出重点，在小学阶段把作文的基本功练得更扎实。

（2）培养学生良好的作文习惯。良好的作文习惯主要包括：平时留心观察，认真思考，勤于动笔的习惯；作文时书写工整，注意不写错别字，注意正确使用标点符号的习惯；作文后认真修改的习惯。这些习惯从刚开始进行作文训练的时候就要重点培养。养成好的习惯，有利于学生的终身发展。

第二节　作文教学的过程

小学作文教学是一个有序的、长期的训练过程。这个训练过程是由平时一次一次的训练构成的。一次次的训练扎扎实实，一次次的训练环环相扣，才能逐步达到新课标所规定的作文教学的总目标及要求。

一、小学阶段作文教学的过程

小学作文教学应该从说到写，循序渐进，从低年级的写话入手，引导学生不拘形式地自由表达，逐步过渡到写成篇的作文。

写话，就是把要说的话写下来。这是最初步的作文训练，一般从一年级下学期就可以开始。用写话作为作文的起步，体现了从说到写的规律，可以使学生在不经意中快快乐乐地走上习作之路。低年级进行写话训练，要注意从三个方面为学生书面表达能力的发展打好基础：

（1）激发学生书面表达的兴趣。要使学生感到，把自己想要说的话写下来告诉别人，是很有意思的，是件愉快的事情。新课标对于低年级学生的习作要求是："对写话有兴趣，留心周围事物，写自己想说的话，写想象中的事物。"这就是说，只要学生有兴趣，乐于写，低年级的写话训练就取得了成功。兴趣是最好的老师。有了兴趣，今后的发展是不言而喻的。

（2）培养良好的作文习惯。良好习惯的培养，必须从起步阶段就加以重视。在引导学生写话的过程中，教师要通过多种形式的激励和表扬，使学生做到书写工整，注意不写错字，写完以后认真读一读，看看自己要表达的意思写清楚没有。

（3）切实抓好词和句的训练。任何文章都是由词和句组成的。只有把每句话写得清楚明白，整篇文章才能清楚明白。在构成表达能力的各项基本功中，语句通顺是最为重要的一项基本功。低年级的写话训练，一定要在语句通顺上下工夫。

中年级进行习作训练，仍然要十分重视激发学生的兴趣。新课标对中年级的习作要求提到"能不拘形式、自由地把自己的见闻和想象写出来"。这就是说，中年级的习作，在写什么和怎么写方面都不要加以限制，学生喜欢写什么就写什么，想怎么写就怎么写。学生能够无拘无束地写自己多彩的生活和丰富的想象，就会对习作保持浓厚的兴趣。中年级教师要继续培养学生的语感，培养学生对语句"通"和"不通"的敏锐感觉。写完以后读一读，或听别人写的语句，能听得出句子通不通，句与句、段与段是不是连得起来，把语句通顺的基本功练扎实。

在低、中年级练习自由表达的基础上，高年级学生要练习写成篇的作文。写成篇作文要能围绕一个主要的意思，叙述要有一定的条理。所以高年级的习作教学，要把"围绕一个主要意思写"和"要有一定的条理"作为训练的重点。

从低、中年级不拘形式的自由表达到高年级的写成篇作文，是一个由"放"逐步到"收"的过程。低、中年级时，要鼓励学生放胆为文，可以想写什么就写什么，想到哪儿就写到哪儿，不要求围绕一个主题，这样就能把思路写活，把笔头写顺。到了高年级，就要适当讲究立意和布局，讲究对材料的裁剪。要引导学生在动笔前先想一想，这次作文主要想告诉别人什么，再根据想要表达的主要意思选择、安排材料，然后按照一定的顺序写下来。通过这样扎扎实实的训练，使学生逐步达到大纲所提出的"能写简单的记实作文和想象作文，能写读书笔记、应用文等"的要求。

上述小学阶段作文教学过程的安排，体现了可能性与必要性的结合。可能性指的是小学生语言发展和思维发展的实际；必要性指的是小学语文教学的目的要求。整个安排起点较低，坡度较缓，使学生从乐于写、不拘形式自由写，逐步达到能写，这是符合小学生的心理特点和作文能力发展的规律的。从当前作文教学的现状看，较为普遍的现象是：低年级写话起步较晚，中年级习作的要求过高，导致学生害怕作文，不喜欢作文，作文基本功不扎实，这种状况有待改善。

二、作文教学的过程

每次作文教学的过程，都是教师的教和学生的学之间的双向活动。要把教师的教与学生的学结合起来加以研究，使教与学的过程成为一个有机的统一体。只要稍加分析，就会发现，学生作文并不是从提起笔来才开始，文章写完就结束，而是一个比较复杂的过程。在提笔写之前，就已经花了一些工夫，包括思想、材料、语言等方面的准备。这些准备，主要不是靠作文前临时抱佛脚，而是靠平时的积累。

文章写完之后，还要再检查一下，看自己要说的意思说清楚了没有，没有说清楚的地方要认真修改，还要注意及时总结自己作文的得失。由此可见，一次完整的作文训练，学生大体上要经历"准备—表达—修改—总结"等环节。前一次作文的总结，又为下一次作文作准备，如此循环。同样，在作文教学中，教师所做的工作也不仅仅限于作文课上，在作文课前，教师要认真钻研教材，深入了解学生，把教材中安排的作文训练要求与学生的生活实际联系起来，形成一次作文练习的计划，并根据这一计划分析学生在习作时可能遇到的困难，做好指导的准备。学生作文之后，教师要认真加以批改，并进行讲评。所以，一次完整的作文训练，教师大体上要经历"准备—作前指导—批改—讲评"等环节。

作文教学的"准备""作前指导""批改""讲评"这四个环节是一个紧密联系的整体。作前的准备设计，为一次作文教学确定训练的目标，"作前指导""批改""讲评"都围绕着确定的目标进行，使训练目标得到具体落实。在"批改""讲评"中，教师获得反馈信息，进一步了解了学生的思想和语言表达的水平，又为下次的作文教学做了准备。正是在这样一次次不断循环上升的写作训练的过程中，学生的作文水平逐步得到提高。

第三节 不同类型作文的教学

小学生要学写不同类型的作文。不同类型作文的教学有不同的特点。掌握了不同类型作文的教学特点，才能有效地组织学生进行训练。

一、简单记实作文的教学

记实作文就是如实地记人、记事、写景、状物的作文。通常所说的记叙文、说明文，基本上是记实作文。进行记实作文的训练，就是要培养学生写实的本领，这是一种十分重要的"再现力"。记实作文训练的方式比较多，最常用的方式有：观察写话、片段素描、根据命题写记实作文、自拟题目写记实作文、缩写、改写等。

观察写话就是引导学生把生活中的观察所得写下来。这是低年级进行写实训练常用的方法。观察写话，可分为观察图画写话和观察生活中的事物写话。

1. 观察图画写话

作为写实训练的观察图画写话，主要要求是把图上的内容写出来。低年级的看图写话，一般先是看一幅图再写一句话。就是在看懂一幅简单的图画后，用完整的语句写出图意，然后再过渡到看多幅图写话。看多幅图写话，先让学生粗略地把每幅画看一看，大致了解几幅图表达的整体意思，再仔细看每幅图，用一句话写出每幅图的图意，这样连贯的几句话，就把几幅图的意思表达出来了。进行看图写话的训练，要选择合适的图画。画面要简单清晰，图画的内容应是学生比较容易理解的。也可以让学生从家中的报纸、画册或课外读物中选取自己喜爱的图画，练习写话；或者让学生动手画画、剪贴，再写出图意,这些都是很受学生欢迎的形式。

2. 观察生活中的事物写话

生活中的事物比图画更丰富。引导学生观察生活中的事物写话,开始要让他们观察简单的、特点比较明显的事物,然后再扩展到比较复杂的事物。低年级学生观察生活写话,重在培养观察和写话的兴趣,学习观察的方法,对写话的要求不要过高,学生能写几句就写几句,只要有点具体内容,语句通顺就可以了。

指导学生观察生活中的事物写话的方法有很多种,目前常用的有两种:一种是在课堂上当场指导,如教师带有趣的实物让学生当场观察,再让学生用几句话写下来;另一种是让学生自己观察感兴趣的事物。低年级孩子好动爱玩,对什么都感到新鲜。教师在教学生观察写话时,要特别注意那些"小淘气"们的新发现。

素描是中年级练习写实能力的有效形式。这种形式是老师们借鉴美术教学的经验而提出的,具体做法是引导学生观察实物或活动,将描写和叙述结合起来(即运用"白描"的手法)写片段。片段素描一般从单个静物开始,进行片段素描训练,要引导学生抓住特点、按一定的顺序观察。特点,就是这一事物与别的事物不同的地方。观察的顺序有许多种,观察不同的事物要采用不同的观察顺序,学生也可以根据自己的喜好确定观察顺序。观察时做到有顺序、抓住特点,再把观察到的写下来,就形成了内容具体、有一定条理的片段。

进行片段素描训练,要引导学生如实表达,也就是要写得像,看到的是什么样就写成什么样,不能想当然,写走了样。在这方面,教师有许多好经验。教师这样的引导,激发了学生如实表达的兴趣,从写出来的习作来看,确实都在"写得像"上下了一番工夫。进行片段素描训练,还要注意引导学生推敲词句。有些非常熟悉的事物,要表达得准确也并不容易,所以学生习作中有表达不准确、不清楚的地方,是不可避免的。引导学生推敲词句,不是从语法概念上来分析句子的通与不通,而是要看有没有把所要表达的意思表达清楚，别人看了能不能明白是怎么一回事。所以推敲词句的最好方式，是引导学生回忆或再现事物的实际情况，从而使学生找到恰当的语言来表达。这种推敲词句的做法，会给学生留下深刻的印象。学生养成了推敲习惯，就能把写实的本领练扎实。

命题作文是传统的作文训练方式。采用命题作文的方式，可以把学生的思绪集中到某个方面来。学生在生活中和阅读中会有许多感受，如果没有人提示，可能一时想不起来，就觉得没什么可写；也可能头绪很多，不知写什么好。教师的命题，就能够帮助学生勾起对已有感受的回忆，帮助学生抓住表达的重点。采用命题作文的方式，也便于教师统一指导和讲评。但命题作文也存在一些问题：题目由教师出，而文章却要由学生做，教师出的题目和学生所要表达的思想内容有时不容易完全达到一致；再加上一个班几十个学生，兴趣爱好、见闻感受并不相同，一个题目要符合每个学生的表达愿望就更不容易。有时，教师的命题可能会束缚学生的思想，限制学生的表达。所以，我们对于命题作文这种训练方式要有辩证的认识，要看到它的利和弊，扬长避短，发挥命题作文的优势。

让学生根据命题写记实作文，教师对为什么命题要有正确的认识。教师的命题，不应成为束缚学生作文的框框，而应是学生作文的"诱发剂"。命题的方式是多样的，常见的有以下几种：①教师直接命题。采用这种方式的关键是要尽量使题目紧扣学生的生活积累和思想实际，要让学生感到，教师要求写的正是自己想写的。切不可出偏题，出学生无从下手的题。题目要浅显易懂，不要故意在文字上绕弯子、设障碍。②半命题。教师提出一个大致范围，让学生根据自己的实际，把题目补充完整，然后作文。③出几个题目供学生选择。这几个题目在内容上可以是互相联系的，也可以没有联系，但都应体现本次作文训练的重点。要训练学生写出事物的特点，学生无论是选择写人、写物还是写景，都能够达到本次作文训练的要求。

不管采用哪一种命题方式，都应该使题目提示的内容范围尽可能地宽一些。这样，每个学生都能够在指定的范围内找到自己所要表达的内容。采用命题的方法让学生写记实作文，要淡化"审题"，不要在是否"切题"方面苛求学生。评议学生的作文，应主要着眼于文章的内容和文字表达。如果学生写跑了题，可以引导他根据自己写的内容，另换一个合适的题目。这样，不仅有利于鼓励学生无拘无束地用自己的话表达自己的想法，而且能使学生逐步加深对题和文之间关系的理解。事实上，成年人的写作也常常有写成文以后再修改题目的情况。如果对"审题""切题"要求过高，一跑题就评为不及格，必然导致学生谨小慎微，视作文为畏途，这对培养学生的习作能力是不利的。

自拟题目作文，就是让学生自己选择材料，自己确定题目写文章。这种方式，可以充分发挥学生的主观能动性，让他们放手写自己熟悉的人、事、物、景，表达自己的真情实感。所以在小学作文教学中，要减少命题作文，大力倡导学生自拟题目作文这种练习形式。自拟题目作文训练的方式很多，常用的有以下几种：

（1）引导学生利用生活积累，自拟题目作文。学生在平时生活中，对周围事物有所观察，有所积累，教师提出一个范围，激起学生对观察积累的回忆。这样的作文，真正起到了交流思想的作用。在这样的作文练习中，学生是从自己的生活积累中选取材料、拟定题目的。

（2）引导学生观察事物后自拟题目作文。可以布置学生在作文课前仔细观察一个人、一处景、一个场面或一个动物，到作文课上再把观察到的写下来，自己给作文加个题目。也可以在作文课上现场指导观察一项实验、一个玩具、一种植物等，然后再作文，自己定题目。布置课前观察，要注意检查落实，防止流于形式；课内现场观察，要处理好观察与写文的关系，不宜将过多的时间花费在观察上。

（3）组织活动后引导学生自拟题目作文。教师有意识地组织学生开展各种有意义的活动，在活动前不必告诉学生要写作文，让学生全身心地投入活动。活动之后，引导学生畅谈自己的见闻感受，再因势利导，布置学生自拟题目写篇作文。

（4）引导学生根据自己的内心感受自拟题目作文。学生在生活中有欢乐，也有苦恼；对接触到的种种现象，有的钦佩、赞赏，有的厌恶、看不惯。学生的种种心情、感受，都希望有机会向人倾诉。教师可以为学生提供这样的机会，让他们自拟题目，说说自己的心里话。

自拟题目的作文训练，教师也要充分发挥指导作用。要指导学生选择自己生活中最熟悉的、感受最深的内容，作为作文的题材；还要指导学生根据自己的作文内容拟一个恰当的题目。拟题的指导要渗透在作文训练的过程中，在作前指导环节，适当告诉学生一些拟题的方法，如用人或物的名称作题目，用事物的特点作题目，用文章的主要内容作题目，用文章中一句重要的话作题目等。作后讲评时，要评讲学生拟的题目，组织学生评议拟得好的作文题，使学生通过实践逐步学会拟题。

根据课文或课外阅读材料缩写、改写，也是练习写记实作文的方法。

1. 缩写

缩写就是把篇幅较长的文章压缩成篇幅较短的文章，这是训练学生概括能力的有效方法。指导学生练习缩写要注意三点：①要正确掌握原文的思想内容，原文中的主要人物、主要情节应该保留，只是把其中的次要内容、次要人物以及描写、抒情、议论等删去。②缩写后的文章仍要结构完整，有头有尾，重要的时间、地点等也应交代清楚。③字数要加以规定，缩写后的文章不能超过规定的字数。

2. 改写

改写就是依据原文内容，改变写法，使之成为另一篇文章。改写的方式主要有改变文体、改变人称、改变记叙顺序等。在小学阶段不要求学生掌握文体知识及篇章结构的知识，可着重进行改变人称的练习，如将第三人称的写法改变为第一人称的写法，或将第一人称的写法改变为第三人称的写法。改写练习可以和阅读教学结合起来，选择教材中适于改写的课文让学生进行练习。

参考文献

[1] 王敏勤 . 和谐教学概论 [M]. 北京：中国物价出版社，1996.

[2] 皮连生 . 学与教的心理学 [M]. 上海：华东师范大学出版社，1997.

[3] 章叶英，张毓人 . 和谐课堂构建与氛围营造 [M]. 北京：华龄出版社，2006.

[4] 顾明远 . 教育大辞典 [M]. 上海：上海教育出版社，1991.

[5] 翟启明 . 新课标语文教学论研究 [M]. 成都：四川大学出版社，2005.

[6] 崔峦 . 小学语文教学论 [M]. 北京：中国人民大学出版社，1999.

[7] 人民教育出版社小学语文室 . 小学语文教学法 [M]. 北京：人民教育出版社，
2005.

[8] 王松泉，韩雪屏，王相文 . 语文课程教学概论 [M]. 北京：高等教育出版社，
2007.

[9] 吴忠豪 . 小学语文课程与教学论 [M]. 北京：北京师范大学出版社，2004.

[10] 李山林 . 语文课程与教学论案例教程 [M]. 长沙：湖南师范大学出版社，
2006.

[11] 江平 . 小学语文课程与教学 [M]. 北京：高等教育出版社，2004.

[12] 戴宝云 . 小学语文教育学 [M]. 杭州：浙江教育出版社，1993.

[13] 叶存玲 . 小学语文教学艺术 [M]. 北京：语文出版社，2001.

[14] 蒋宗尧 . 学法指导艺术 [M]. 北京：中国林业出版社，2000.

[15] 闫承利 . 教学最优化艺术 [M]. 北京：教育科学出版社，1995.

[16] 周庆元 . 语文教育研究概论 [M]. 长沙：湖南人民出版社，2005.

[17] 倪文锦 . 语文教育展望 [M]. 上海：华东师范大学出版社，2002.

[18] 雷玲 . 听名师讲课 [M]. 南宁：广西教育出版社，2004.

[19] 王荣生 . 语文科课程学基础 [M]. 上海：上海教育出版社，2003.

[20] 叶圣陶 . 叶圣陶语文教育论集 [M]. 北京：教育科学出版社，1980.

[21] 张志公 . 张志公语文教育论集 [M]. 北京：人民教育出版社，1994.

[22] 黎锦熙 . 黎锦熙语文教育论集 [M]. 北京：人民教育出版社，1996.

[23] 刘国正 . 刘国正语文教育论集 [M]. 北京：人民教育出版社，1995.